Thomas Fabrice AWONO LEVODO

LES ÉCHOS DU NON-DIT

Voix et regards de la transmission psychique dans le lien adoptif

Éditeur: Upway Books
Auteurs: Thomas Fabrice AWONO LEVODO
Titre: LES ÉCHOS DU NON-DIT, Voix et regards de la transmission psychique dans le lien adoptif
ISBN: 978-1-917916-92-9
Couverture réalisée sur: www.canva.com

Ce livre est un ouvrage de non-fiction. Les informations qu'il contient sont basées sur les recherches, l'expérience et les connaissances des auteurs au moment de la publication. L'éditeur et les auteurs ont fait tout leur possible pour garantir l'exactitude et la fiabilité des informations, mais ils 'assument aucune responsabilité en cas d'erreurs, d'omissions ou d'interprétations contraires du sujet traité. Cette publication n'est pas destinée à se substituer à un avis ou à une consultation professionnelle. Les lecteurs sont encouragés à demander l'avis d'un professionnel si nécessaire.

contact@upwaybooks.com
www.upwaybooks.com

TABLE DES MATIERES

PRÉFACE

Ce livre s'inscrit dans une démarche clinique attentive aux effets psychiques de l'adoption sur les adolescents et leurs familles. Il s'appuie sur une expérience de terrain nourrie par l'écoute de récits singuliers, souvent marqués par des ruptures, des silences, et des blessures anciennes. Ces récits, parfois difficiles à formuler, révèlent la complexité du vécu des adolescents adoptés. Ils témoignent d'une histoire personnelle morcelée, d'un passé douloureux, et d'un présent où les mots font parfois défaut pour dire ce qui a été perdu, transmis ou tu. L'ouvrage se nourrit également de la parole des parents adoptifs. Animés par un désir sincère de bien faire, ces derniers se trouvent parfois démunis face à des réactions qu'ils peinent à comprendre. Ils sont confrontés à des comportements déroutants, à des attitudes ambivalentes, à des silences qui les inquiètent. Le lien adoptif, loin d'être immédiat ou évident, se construit dans le temps, au prix d'un engagement affectif soutenu et d'un travail psychique partagé.

L'adoption, telle qu'elle est pensée dans ce livre, ne se réduit ni à un acte de solidarité sociale ni à une simple recomposition familiale. Elle convoque des mémoires anciennes, parfois traumatiques, qui circulent de manière souterraine dans les interstices du lien. Ces mémoires, souvent non symbolisées se transmettent d'une génération à l'autre sous forme de symptômes, de répétitions ou de malaises diffus. Elles prennent parfois la forme de « fantômes » psychiques, de traces d'un passé non élaboré qui hantent les vivants et troublent la construction du sujet. Ce livre cherche à rendre compte de ces dynamiques en donnant voix aux adolescents et en proposant une lecture clinique des processus à l'œuvre dans la construction du lien adoptif. Il s'agit de mieux comprendre les difficultés rencontrées, mais aussi les ressources mobilisées dans ce cheminement singulier vers ce qu'il est convenu d'appeler la « filiation vivante », c'est-à-dire une filiation qui se construit dans la reconnaissance mutuelle, l'élaboration partagée et la possibilité d'un récit commun.

Loin de considérer les adolescents adoptés comme un groupe homogène, je propose ici d'entendre leurs voix dans leur singularité. Leurs récits, souvent fragmentaires, traversés de silences ou d'ambivalences, témoignent d'un travail psychique intense pour se situer dans une histoire qui ne commence pas avec eux, et dont certaines pages leur échappent encore. À travers une approche qualitative, fondée sur l'écoute clinique et l'entretien compréhensif, et une lecture psychanalytique attentive aux mouvements inconscients, j'interroge les effets de la transmission psychique dans le cadre adoptif. Cette transmission ne se limite pas à ce que les parents souhaitent transmettre ; elle inclut aussi ce qui se transmet à leur insu comme des angoisses, des blessures non symbolisées, des attentes silencieuses. Elle se joue dans les gestes, les regards, les silences, et parfois dans les répétitions symptomatiques.

L'adoption met en tension plusieurs polarités fondamentales : l'Ici et l'Ailleurs, la famille d'accueil et la famille d'origine, le don et la dette, le désir et la réalité. L'enfant adopté est souvent pris entre ces pôles, sommé de faire tenir ensemble des appartenances multiples, des loyautés divergentes, des récits parfois incompatibles. Le lien adoptif se construit dans cet entre-deux, dans cette tension, où il s'agit de faire place à ce qui a été perdu sans l'effacer, et de créer du nouveau sans renier l'ancien. À travers : « *LES ÉCHOS DU NON-DIT : Voix et regards de la transmission psychique dans le lien adoptif* », j'explore les formes que prend la parentalité adoptive dans un contexte socioculturel africain, où les modèles de filiation sont traversés par des logiques parfois contradictoires. D'un côté, les traditions communautaires valorisent l'accueil de l'enfant de l'autre, dans une logique de solidarité lignagère. De l'autre, les normes contemporaines tendent à individualiser la parentalité, à la centrer sur le couple parental et sur une filiation plus contractualisée. Cette tension entre modèles anciens et modernes, entre filiation symbolique et filiation biologique, entre dette communautaire et désir personnel, complexifie encore davantage l'expérience adoptive.

Positionné à la croisée de la pratique clinique et de la recherche académique, cet ouvrage s'adresse à un public diversifié. Il s'agit entre autres des psychologues, des travailleurs sociaux, des éducateurs, des chercheurs en sciences humaines et sociales, mais aussi des familles concernées par l'adoption. Tous, à des titres différents, sont confrontés à la complexité des liens adoptifs, à leurs enjeux visibles et invisibles, à leurs promesses et à leurs impasses. Loin de proposer des solutions toutes faites, ce livre se veut un espace de réflexion, une invitation à penser autrement les parcours adoptifs. Il ne cherche pas à normaliser les trajectoires, mais à ouvrir des pistes de compréhension à partir de l'écoute des sujets eux-mêmes. Il s'inscrit dans une démarche clinique et théorique qui reconnaît la singularité de chaque histoire, tout en mettant en lumière des dynamiques communes, des tensions récurrentes, des zones d'ombre partagées.

À travers les récits d'adolescents adoptés, j'invite à entendre autrement les manifestations du mal-être, les conduites oppositionnelles, les replis silencieux ou les revendications identitaires. En effet, ces expressions, souvent perçues comme des troubles, peuvent être relues comme des tentatives de symbolisation, des appels à la reconnaissance, ou des formes de mise en récit d'une histoire difficile à dire. C'est dans ce sens que le présent ouvrage propose de penser les attentes silencieuses des parents, les loyautés invisibles de l'enfant, les transmissions psychiques non élaborées, les conflits de filiation dans le lien adoptif. Il attire l'attention sur la part d'invisible qui se joue dans toute transmission, sur les traces laissées par les ruptures, les secrets, les silences, et sur la manière dont ces éléments peuvent se rejouer dans le quotidien familial, parfois à l'insu de tous. En ce sens, cet ouvrage n'est pas seulement un outil de connaissance, mais aussi un appui pour la pratique. Il offre des repères pour accompagner les familles, soutenir les adolescents, et penser l'adoption comme un processus relationnel, narratif et symbolique, toujours en mouvement. Il appelle à une posture d'écoute, de prudence et de créativité, afin de permettre à chacun de trouver sa place dans une histoire commune en construction.

Puissent ces pages contribuer à ouvrir des voies de compréhension, de reconnaissance et de symbolisation des voix et des regards du lien adoptif. Car, c'est dans la possibilité de se dire, d'être entendu, et de se relier à une histoire que peut s'esquisser un chemin de subjectivation.

Yaoundé, 2025.

INTRODUCTION GÉNÉRALE

L'expérience de la parentalité adoptive constitue un observatoire privilégié des processus de transmission psychique intergénérationnelle. Contrairement à la parentalité biologique, qui s'inscrit dans une continuité généalogique et corporelle, l'adoption introduit une discontinuité dans la chaîne symbolique de la filiation. Cette rupture, loin d'être un simple accident biographique, rend saillants les mécanismes inconscients qui structurent le lien parent-enfant : projections, identifications, transferts et répétitions. Elle met en lumière la manière dont les contenus psychiques, souvent non élaborés, circulent entre les générations, non pas par voie génétique, mais à travers les médiations affectives, relationnelles et symboliques. Dans le cadre adoptif, les parents sont fréquemment porteurs d'une histoire marquée par des deuils, des renoncements, des blessures narcissiques ou des failles identitaires. Ces éléments, lorsqu'ils ne sont pas symbolisés ou intégrés psychiquement, peuvent être transmis à l'enfant adopté sous forme de scénarios inconscients, de charges affectives ou de répétitions traumatiques. Les non-dits, les angoisses de perte ou de rejet, les défaites symboliques et les attentes excessives constituent autant d'obstacles à une transmission psychique apaisée. Ils réapparaissent dans le lien adoptif sous des formes parfois paradoxales : surinvestissement affectif, idéalisation de l'enfant, ou au contraire rejet et désengagement.

L'adolescence constitue une période charnière dans le processus de subjectivation, marquée par des remaniements identitaires, des réélaborations des liens familiaux et une quête de sens autour de l'origine et de l'appartenance. Dans le cas spécifique de l'adoption, cette dynamique se complexifie par la présence d'un double héritage psychique : celui des parents adoptifs, porteurs de leur propre histoire, et celui des origines biologiques, souvent absentes, fragmentées ou entourées de silence. L'adolescent adopté se trouve ainsi au carrefour de plusieurs trajectoires psychiques, dont il doit progressivement s'approprier les éléments pour se construire comme sujet. La filiation adoptive, bien qu'inscrite dans un cadre légal et affectif, ne repose pas sur une continuité biologique. Elle implique une filiation choisie, fondée sur le désir de parentalité, mais aussi sur des renoncements et des blessures parfois non élaborés chez les parents adoptants. Ces derniers peuvent transmettre, de manière inconsciente, des contenus psychiques liés à leur propre histoire : deuils non résolus, failles narcissiques, angoisses de perte ou de rejet. Ces éléments, lorsqu'ils ne sont pas symbolisés, peuvent peser sur le lien adoptif et entraver le processus de différenciation et d'autonomisation de l'adolescent.

Parallèlement, l'adolescent est confronté à une filiation biologique absente ou inaccessible, qui constitue une zone d'ombre dans son récit de soi. Cette absence peut générer des fantasmes, des interrogations identitaires et des sentiments d'incomplétude. Le silence autour des origines, souvent renforcé par des tabous sociaux ou familiaux, rend difficile l'élaboration psychique de cette perte. L'adolescent doit alors négocier une tension entre l'intégration de la filiation adoptive qui lui offre un cadre d'appartenance et la reconnaissance d'une filiation biologique perdue, qui demeure pourtant constitutive de son histoire. Ce double mouvement implique une élaboration subjective complexe. L'adolescent est amené à construire son identité à partir d'éléments transmis qui peuvent être porteurs de sens, mais aussi de souffrance. Il doit trier, transformer et parfois rejeter certains contenus psychiques pour se dégager des projections parentales et accéder à une position de sujet autonome. Ce travail psychique est d'autant plus exigeant que les transmissions sont souvent implicites, non verbalisées, et chargées d'affects ambivalents.

Dans une perspective clinique, il est essentiel de reconnaître la complexité de l'accompagnement de l'adolescent dans son cheminement identitaire. L'espace thérapeutique peut offrir un lieu de mise en mots, de symbolisation et de réappropriation des héritages psychiques. Il s'agit de favoriser l'émergence d'un récit singulier, où l'adolescent puisse articuler les différentes dimensions de sa filiation, dépasser les impasses du silence et des projections, et inscrire son histoire dans une temporalité subjective. Le lien adoptif constitue un espace singulier de construction de la subjectivité, traversé par des tensions complexes entre reconnaissance, légitimité et élaboration psychique. À la différence de la filiation biologique, qui s'inscrit dans une continuité généalogique et corporelle, la filiation adoptive repose sur une rupture de la chaîne biologique et sur une reconfiguration symbolique du lien parental. Cette spécificité confère au lien adoptif une dimension éminemment psychique, où les enjeux de transmission, de reconnaissance et de subjectivation se trouvent exacerbés.

L'adolescent adopté, en quête de son identité, se trouve souvent au cœur d'un processus de négociation entre des appartenances multiples et parfois contradictoires. Il doit composer avec une filiation choisie celle de l'adoption qui lui offre un cadre d'appartenance et de protection, tout en intégrant ou en symbolisant une filiation perdue ou absente celle de ses origines biologiques. Cette double appartenance, souvent marquée par des silences, des zones d'ombre ou des récits lacunaires, complexifie le travail d'élaboration identitaire. L'adolescent est ainsi confronté à la nécessité de construire un récit de soi à partir d'éléments fragmentaires, parfois porteurs de souffrance, mais aussi de potentialités symboliques. Dans ce contexte, la transmission psychique prend une dimension ambivalente. Elle peut se manifester comme une charge, lorsque les parents adoptifs, porteurs de blessures non élaborées deuils, infertilité, failles narcissiques projettent inconsciemment sur l'enfant leurs attentes, leurs manques ou leurs fantasmes de réparation. L'adolescent devient alors le réceptacle de ces contenus psychiques non symbolisés, ce qui peut entraver son processus de subjectivation, notamment en limitant sa capacité à se différencier et à investir son propre désir. À l'inverse, lorsque les parents adoptifs sont en mesure de mettre en récit leur propre histoire, de reconnaître leurs vulnérabilités et de soutenir l'émergence d'un récit singulier chez l'enfant, la transmission psychique peut devenir une ressource. Elle ouvre alors un espace de symbolisation, de reconnaissance mutuelle et de co-construction identitaire.

La parentalité adoptive interroge les fondements mêmes de la filiation. Elle met en lumière le caractère construit, symbolique et désirant de la parentalité, au-delà de toute naturalisation biologique. Dans cette perspective, être parent ne relève pas uniquement d'un fait biologique, mais d'un engagement psychique et narratif, où le travail de la parole, la reconnaissance de l'altérité de l'enfant et l'élaboration des transmissions inconscientes jouent un rôle central. Le lien adoptif devient alors un lieu de potentialité, où la subjectivité de l'adolescent peut émerger à condition que les transmissions soient pensées, parlées et symbolisées. Ce qui invite les cliniciens, éducateurs et intervenants sociaux à considérer l'adoption non comme une simple modalité alternative de parentalité, mais comme un espace de complexité psychique, nécessitant un accompagnement spécifique. Il s'agit de soutenir les familles adoptives dans leur capacité à élaborer les transmissions intergénérationnelles, à reconnaître les zones de silence et à favoriser l'émergence d'un récit partagé, porteur de sens et de reconnaissance pour l'enfant.

Chapitre 1

LES FILS INVISIBLES : COMPRENDRE LA TRANSMISSION PSYCHIQUE

Dans le champ de la clinique et de la psychologie, la transmission psychique désigne l'ensemble des contenus inconscients, affects, représentations et injonctions qui circulent entre les générations, souvent à l'insu des sujets eux-mêmes. Ces transmissions, silencieuses mais puissantes, tissent des liens invisibles entre les membres d'une famille, au-delà des mots et des actes. Dans le contexte de l'adoption, où la filiation biologique est absente ou disjointe, la question de la transmission psychique prend une acuité particulière : que transmet-on lorsqu'on n'a pas engendré ? Que reçoit l'enfant adopté de ses parents adoptifs, mais aussi de ses origines ? Ce premier chapitre propose d'explorer les mécanismes, les enjeux et les effets de cette transmission dans le cadre adoptif, en montrant comment elle participe à la construction du lien, à la subjectivation de l'enfant, et à la complexité du devenir familial. Les fils invisibles ne sont pas moins puissants que les liens du sang : ils sont les vecteurs d'une mémoire, d'un désir, d'une histoire, parfois d'un trauma, qui s'inscrivent dans le psychisme et façonnent les trajectoires.

LA TRANSMISSION INCONSCIENTE DANS LA PSYCHANALYTIQUE DU LIEN

La psychanalyse, depuis Freud, postule que l'inconscient est structuré comme un langage, traversé par des désirs, des fantasmes et des conflits qui ne disparaissent pas avec le temps mais se transmettent, souvent de manière cryptée, entre les générations. Cette transmission ne relève pas d'un acte volontaire ou conscient, mais d'un processus psychique où les non-dits, les traumatismes, les fantasmes et les identifications circulent silencieusement au sein du corps familial. Dans le même registre, Albert Ciccone, dans son ouvrage *La transmission psychique inconsciente* (Dunod, 2012), identifie deux modalités majeures de cette transmission : l'identification projective et le fantasme de transmission. L'identification projective désigne le mécanisme par lequel un sujet expulse des éléments de son monde interne dans l'autre, qui les intériorise et les vit comme siens. Le fantasme de transmission, quant à lui, renvoie à la manière dont les parents imaginent ce qu'ils transmettent à leurs enfants, souvent en lien avec leurs propres manques ou blessures.

Dans le cadre de l'adoption, l'identification projective et le fantasme de transmission prennent une forme singulière. Les parents adoptifs, bien qu'extérieurs à la lignée biologique, sont porteurs de leur propre histoire psychique, de leurs attentes, de leurs deuils (notamment celui de la filiation biologique), et de leurs fantasmes de parentalité. L'enfant adopté, lui, arrive avec une histoire souvent marquée par des ruptures, des abandons, des secrets, voire des traumas précoces. La rencontre entre ces deux univers psychiques peut engendrer des phénomènes de résonance, de confusion, ou de répétition, qui ne peuvent être compris qu'à la lumière de la transmission inconsciente. D'ailleurs, dans son article *La transmission de la psychanalyse* (Filigrane, 2018), Sophie Gilbert, souligne que la transmission ne se limite pas à un contenu mais implique une position subjective, une manière d'être au monde et aux autres. Ainsi, dans l'adoption, il ne s'agit pas seulement de transmettre des valeurs ou une culture familiale, mais aussi des affects, des manières de se représenter le lien, la perte, la filiation.

La pertinence d'une approche psychanalytique dans le champ de l'adoption tient à sa capacité à explorer les dimensions latentes, souvent silencieuses, qui sous-tendent la construction du lien adoptif. Loin de se limiter à une lecture instructive ou éducative de l'adoption, la psychanalyse permet de penser les dynamiques inconscientes à l'œuvre dans la rencontre entre un enfant et ses parents adoptifs, en particulier à travers le prisme de la transmission psychique. La transmission psychique, entendue comme le passage intergénérationnel de contenus inconscients comme les affects, les fantasmes, les traumatismes, les injonctions constitue un vecteur fondamental de subjectivation. En situation d'adoption, elle se manifeste de manière singulière, car elle articule deux histoires psychiques distinctes. Il s'agit de celle de l'enfant, souvent marquée par des ruptures précoces, des abandons ou des secrets, et celle des parents adoptifs, parfois traversée par des deuils non élaborés (infertilité, perte d'un enfant, attentes idéalisées de parentalité). Ces histoires se rencontrent dans un espace psychique commun où le lien adoptif devient le théâtre de projections, d'identifications et de résonances inconscientes.

Certains enfants adoptés peuvent être amenés à rejouer des scénarios d'abandon non symbolisés, non parce qu'ils en ont le souvenir conscient, mais parce que ces expériences précoces ont laissé des traces mnésiques et affectives inscrites dans leur corps et leur psychisme. Des scénarios qui peuvent se réactiver à l'adolescence, période de remaniement identitaire, ou dans toute situation de transition institutionnelle ravivant une blessure originaire. C'est ainsi que les parents adoptifs peuvent, à leur insu, projeter sur l'enfant des attentes irréalistes (être l'enfant « réparateur », « sauveur » ou « idéal ») qui entravent la reconnaissance de l'enfant réel dans sa singularité et son altérité. Aussi, les silences autour des origines, qu'ils soient institutionnels, familiaux ou culturels, participent également à cette dynamique. Le non-dit, le secret ou l'impossibilité de nommer les figures parentales d'origine peuvent créer un vide symbolique, un « trou dans le récit » (Tisseron, 1996), qui rend difficile pour l'enfant la construction d'une continuité psychique. Ce silence peut être vécu comme une injonction à oublier, à renier une part de soi, ou à porter un héritage indicible. La psychanalyse, en mettant en lumière les effets de ces transmissions inconscientes, permet de penser le lien adoptif non comme une simple substitution de figures parentales, mais comme un processus de réélaboration symbolique, où l'enfant et les parents doivent conjointement travailler à donner sens à ce qui a été perdu, tu ou transmis sans mots.

Du point de vue de la psychanalyse du lien, les développements de René Kaës (2007) soulignent le fait que tout lien intersubjectif repose sur des alliances inconscientes, des contrats psychiques implicites qui organisent les places, les attentes et les fonctions. Une posture qui donne d'envisager avec Guyotat (2005) quatre niveaux de transmission inconscientes.

La transmission transgénérationnelle

La transmission transgénérationnelle concerne le passage de contenus psychiques d'une génération à une autre, souvent sous forme de non-dits, de secrets de famille ou de traumatismes non élaborés. Nicolas Abraham et Maria Torok évoque la notion de « fantôme » pour désigner ces éléments psychiques refoulés qui hantent les descendants, parfois sous forme de symptômes ou de répétitions inconscientes (*Le verbier de l'homme aux loups*, 1976). Dans l'adoption, cette dimension est double : l'enfant peut être porteur de transmissions transgénérationnelles liées à sa famille d'origine (traumas, abandons, secrets), mais aussi être exposé à celles de sa famille adoptive. Le croisement de ces héritages inconscients peut engendrer des effets complexes sur la construction identitaire. En effet, ce double ancrage peut générer un clivage identitaire, où l'enfant peine à articuler ses appartenances, oscillant entre identification et rejet de l'une ou l'autre lignée. Au clivage identitaire se verront associer des conflits de loyauté inconscients à travers lesquels l'enfant pourra se sentir coupable d'aimer ses parents adoptifs, comme si cela trahissait ses parents biologiques, ou inversement. Aussi peut-il être hanté par le sentiment d'une dette envers les adoptants qui rend difficile l'expression de la souffrance ou du manque. Ces différentes tensions entravent chez le sujet en situation d'adoption l'appropriation subjective de son histoire.

La transmission traumatique

La transmission traumatique désigne le passage d'un événement traumatique non symbolisé d'un sujet à un autre, souvent par le biais de comportements, de silences, ou d'affects non maîtrisés. Cette forme de transmission est particulièrement étudiée dans les contextes de guerre, de génocide, ou d'abandon. Serge Tisseron parle de « secrets de famille » comme des noyaux traumatiques qui se transmettent sans être verbalisés, mais qui agissent dans le psychisme des descendants (*Secrets de famille*, 1996). Aussi, dans l'adoption, les traumas liés à l'abandon, à la séparation précoce, ou aux conditions de vie antérieures peuvent être transmis à l'enfant, même s'ils ne sont pas explicitement racontés. De même, les parents adoptifs peuvent eux-mêmes être porteurs de traumas (infertilité, deuils, ruptures) qui influencent leur manière d'entrer en lien avec l'enfant.

La transmission identificatoire

Cette forme de transmission repose sur les processus d'identification inconsciente. En effet, l'enfant s'identifie à des figures parentales, à des rôles, à des attentes implicites. René Kaës, dans *Le complexe du lien* (2007), insiste d'ailleurs sur le rôle des alliances inconscientes et des contrats narcissiques qui organisent les places et les fonctions dans le groupe familial. En situation d'adoption, l'enfant peut être pris dans des attentes identificatoires fortes : être « l'enfant rêvé », « le sauvé », ou encore « celui qui répare ». Ces identifications peuvent être source de souffrance si elles ne permettent pas à l'enfant d'élaborer sa propre subjectivité. Dès lors que l'enfant est investi comme « l'enfant rêvé », « le sauvé » ou « celui qui répare », il est assigné à une fonction psychique qui ne lui appartient pas en propre, mais qui répond aux besoins inconscients des parents adoptifs. L'enfant est alors pris dans une identification aliénante, où il doit correspondre à une image préfabriquée, au détriment de son propre vécu, de ses affects, et de son histoire. L'assignation dont il s'agit ici donne lieu à une souffrance d'effacement de la singularité. L'enfant ne se sent pas reconnu pour ce qu'il est, mais pour ce qu'il représente. Il peut alors développer une identité de façade, conforme aux attentes, mais fragile, clivée, voire dissociée. Un processus qui peut entraver l'élaboration d'un sentiment d'unité psychique et de continuité de soi.

La transmission symbolique

La transmission symbolique constitue une dimension essentielle de la construction psychique du sujet. Elle désigne le passage, entre générations, de repères structurants, de récits fondateurs, de valeurs et de significations qui permettent à l'individu de s'inscrire dans une filiation, une histoire, une culture. Contrairement à la transmission génétique ou biologique, la transmission symbolique repose sur une élaboration à la fois consciente et inconsciente, mobilisant les capacités de nomination, de narration et de symbolisation des figures parentales et du groupe familial. En effet, la transmission symbolique implique la capacité à nommer les absents, à raconter les origines, à inscrire l'enfant dans une lignée, même si celle-ci est plurielle ou disjointe. Elle suppose que les parents adoptifs puissent parler de l'adoption, de ses circonstances, de ses enjeux, sans tabou ni secret. Le silence autour des origines, souvent motivé par la peur de blesser ou de déstabiliser l'enfant, peut au contraire entraver la construction identitaire, en laissant un vide narratif que l'enfant peine à combler. Comme dirait Serge Tisseron (2007), « ce qui n'est pas transmis par la parole se transmet par le symptôme ». L'élaboration psychique régit par la transmission symbolique peut donc passer par des récits familiaux, des albums de vie, des rituels, des échanges avec les parents, mais aussi par des médiations culturelles ou thérapeutiques.

Aussi suppose-t-elle une posture parentale ouverte, capable de soutenir la quête identitaire de l'enfant sans la réduire ni la nier.

L'une ou l'autre des transmissions implique de manière claire des manifestations clinique chez le sujet en situation d'adoption que l'on peut récapituler dans le tableau ci-joint.

Tableau 1 : récapitulatif des transmissions inconscientes

Typologie de transmission	Définition	Manifestation en situation d'adoption
Transgénérationnelle	Passage de contenus psychiques entre générations	Secrets, non-dits, héritages inconscients des familles d'origines et adoptive
Traumatique	Transmission d'évènements non symbolisés	Effets de l'abandon, de la séparation, des traumas précoces
Identificatoire	Transmission par identification inconsciente	Attentes implicites, rôles assignés, fantasmes parentaux
Symbolique	Transmission de repères et récits fondateurs	Construction d'une filiation narrative et d'une place dans la famille

La typologie de transmissions inconscientes qui permet de penser le lien adoptif non seulement comme une réalité affective et juridique, mais comme un espace de circulation psychique, où se rejouent des dynamiques profondes. Elle offre aux cliniciens et aux éducateurs des repères pour panser les blessures et angoisses qui hantent le quotidien des acteurs en jeu dans l'adoption.

BLESSURES, ANGOISSES ET HÉRITAGES SYMBOLIQUES

L'adoption permet de penser les dynamiques subjectives qui traversent les familles adoptives et les enfants adoptés, au-delà des seuls faits biographiques. Ces dynamiques à la fois manifestes et latentes qui teintent le quotidien des sujets en situations d'adoption sont très souvent des blessures narcissiques, des angoisse d'incomplétude et des héritages invisibilisés et invisibles.

Blessures psychiques dans le lien adoptif

Dans le champ de la clinique de l'adoption, les blessures psychiques ne sauraient être réduites à des événements traumatiques explicites ou à des épisodes ponctuels de violence. Elles s'inscrivent plus subtilement dans une trame de silences, d'absences et de discontinuités symboliques qui affectent la construction du sujet. Loin de se limiter à des faits objectivables, ces blessures relèvent d'une logique de la trace, de l'empreinte invisible, souvent indicible, mais agissante. Dans le registre de blessures psychiques en jeu dans le quotidien du sujet en situation d'adoption, celles dites *d'origine* occupent une place centrale. Elles renvoient à des expériences précoces de séparation, d'abandon ou de rupture du lien primaire, survenues à un moment où l'enfant ne disposait pas encore des ressources psychiques nécessaires pour les symboliser. Ces événements, bien que parfois non mémorisés consciemment, laissent une empreinte durable dans l'appareil psychique. Elles se manifestent sous forme de vécus d'insécurité, d'angoisses d'anéantissement ou de sentiments d'incomplétude. Leur caractère diffus et difficilement nommable en fait des noyaux de souffrance persistants, susceptibles de se réactiver à différents moments du développement, notamment lors des étapes charnières de la construction identitaire.

Aux blessures d'origine s'ajoutent fréquemment des *blessures institutionnelles*, moins souvent théorisées mais tout aussi déterminantes. En effet, le parcours d'adoption, qu'il soit national ou international, est souvent jalonné d'épreuves administratives, de procédures normatives, de délais incertains et de contrôles intrusifs. Ces dispositifs, bien qu'animés par une visée de protection, peuvent produire des effets paradoxaux. Car, ils exposent en réalités les sujets à des formes de violence symbolique, en les réduisant à des statuts (enfant adoptable, famille candidate), en les soumettant à des évaluations normatives, ou en les confrontant à des représentations stigmatisantes. Les jugements sociaux portés sur les familles adoptives, les enfants adoptés ou les mères ayant consenti à l'adoption participent de cette dynamique, en renforçant les sentiments de honte, de culpabilité ou d'illégitimité.

Les projections culturelles qui traversent les discours sur l'adoption dans les contextes postcoloniaux ou interculturels peuvent aussi constituer une autre forme de blessure. En effet, elles assignent les sujets à des identités figées, les enfermant dans des récits d'altérité, d'exotisme ou de dette. Ces projections, souvent inconscientes, s'insinuent dans les pratiques éducatives, les attentes parentales ou les discours institutionnels, et contribuent à fragiliser le processus d'appropriation subjective de l'histoire adoptive. Penser donc les blessures psychiques dans l'adoption implique de dépasser une lecture événementielle du traumatisme pour s'ouvrir à une approche processuelle, attentive aux effets du non-dit, aux logiques de transmission inconsciente et aux violences systémiques. Cette perspective invite à une clinique du lien, de la parole et de la reconnaissance, où l'élaboration symbolique des ruptures et des héritages devient une condition de subjectivation.

Angoisses : entre perte, loyauté et légitimité

L'adoption, en tant que modalité singulière de filiation, constitue un espace psychique complexe où se rejouent, de manière souvent inconsciente, des angoisses archaïques et des tensions identitaires profondes. Elle ne se réduit pas à une simple réorganisation juridique ou sociale des liens familiaux, mais engage des processus psychiques intenses, tant pour l'enfant que pour les parents adoptifs. Parmi les dynamiques les plus saillantes, les angoisses liées à l'abandon, à la loyauté et à la transmission occupent une place centrale dans la clinique de l'adoption. En effet, chez l'enfant adopté, l'angoisse d'abandon constitue une trame de fond, souvent persistante, qui colore ses relations affectives. Même lorsque l'environnement adoptif se veut sécurisant et bienveillant, cette angoisse peut se réactiver à la moindre séparation, frustration ou changement. Elle puise ses racines dans une expérience fondatrice de rupture qui, faute d'avoir pu être symbolisée, demeure à l'état de trace traumatique. L'angoisse d'abandon se manifeste cliniquement par des troubles du comportement (agitation, opposition, retrait), des difficultés d'attachement (hyperdépendance ou évitement relationnel), voire une hypervigilance affective, traduisant une attente anxieuse de la perte.

L'adoption confronte l'enfant à une double appartenance : celle, souvent fantasmée, de la famille d'origine, et celle, concrète, de la famille adoptive. Cette dualité peut engendrer des conflits de loyauté, où l'enfant se sent sommé de choisir, de trahir ou de renier une partie de lui-même. Ce tiraillement peut se traduire par des sentiments de culpabilité, une ambivalence affective, ou une confusion identitaire. Le silence autour des origines, les tabous familiaux ou les discours idéalisants sur l'adoption peuvent accentuer cette tension, en empêchant l'enfant de penser et d'intégrer ses différentes appartenances. En effet, ces conflits ne sont pas nécessairement pathologiques car, ils peuvent constituer des étapes structurantes du développement identitaire, à condition d'être reconnus, accompagnés et symbolisés. Du côté des parents adoptifs, l'adoption peut réactiver des angoisses liées à la capacité de transmettre. N'ayant pas participé à l'histoire originaire de l'enfant, certains parents peuvent douter de leur légitimité à incarner une fonction symbolique de transmission. Une crainte qui peut engendrer une suradaptation, une idéalisation du lien adoptif, ou au contraire une mise à distance défensive. Les angoisses parentales peuvent également être alimentées par des représentations sociales normatives de la parentalité, qui valorisent la filiation biologique comme garant de l'authenticité du lien. Dans ce contexte, les parents adoptifs peuvent se sentir en position de « rattrapage », cherchant à combler un manque perçu, ce qui peut entraver la reconnaissance des spécificités de l'enfant adopté et de son histoire propre.

Héritages symboliques : entre legs invisibles et élaboration psychique

La transmission psychique dans le contexte de l'adoption ne saurait être réduite à la seule répétition des traumatismes liés à l'abandon, à la séparation ou à la perte. Elle engage une dynamique plus vaste, où se croisent des héritages symboliques, des mémoires implicites et des processus de subjectivation. L'enfant adopté, même en l'absence d'informations précises sur ses origines, porte en lui une mémoire corporelle, culturelle et parfois spirituelle, qui s'exprime de manière indirecte. Cette mémoire, archaïque ou implicite, se manifeste à travers des affects, des comportements, des rêves ou des affinités inexplicables. Elle relève de ce que Nicolas Abraham et Maria Torok ont nommé le « fantôme », c'est-à-dire une trace psychique d'un événement non symbolisé, transmis de manière cryptée à travers les générations. Dans le cas de l'adoption, ces fantômes peuvent être liés à des deuils non faits, à des secrets de filiation, ou à des ruptures non élaborées, qui hantent l'enfant sans qu'il en ait conscience.

Dans sa vie de chaque jour, l'enfant adopté est pris dans un double mouvement : d'un côté, il hérite d'un passé énigmatique, souvent silencieux, de l'autre, il est investi par un projet familial qui peut être porteur de sens, mais aussi de projections. Cette double appartenance peut générer des tensions identitaires, mais elle ouvre également un espace de créativité psychique. Comme le souligne Alberto Eiguer, la famille adoptive n'est pas seulement un lieu d'accueil, elle est aussi un espace de narration, où l'enfant est invité à s'inscrire dans une histoire qui le précède, mais qu'il peut aussi transformer. Il ne s'agit pas pour lui de choisir entre deux filiations, mais de composer avec des héritages multiples, parfois contradictoires, dans un travail de subjectivation singulier. Le travail psychique de l'adoption consiste clairement à créer des ponts entre les différentes strates de l'histoire personnelle et familiale. Il implique aussi une mise en récit, une symbolisation des ruptures, une élaboration des absences. L'enfant, accompagné par ses figures d'attachement, est amené à donner sens à ce qui lui a été transmis, à intégrer les manques comme des éléments constitutifs de son identité, et non comme des failles à combler.

Dans une perspective transculturelle, comme le propose Marie-Rose Moro, il est essentiel de prendre en compte les dimensions culturelles et symboliques de la filiation, notamment dans les contextes d'adoption internationale ou interculturelle. Les rituels, les récits, les objets de mémoire peuvent alors jouer un rôle de médiation entre les mondes d'origine et d'accueil, permettant à l'enfant de se construire une identité métissée, ouverte et vivante. Ce qui passe par la capacité à symboliser les absences, à reconnaître les traces invisibles, et à accueillir la complexité des filiations, que réside la potentialité transformatrice de l'adoption, tant pour l'enfant que pour sa famille.

DE LA FILIATION BIOLOGIQUE À LA FILIATION AFFECTIVE

La filiation, entendue comme le lien qui unit un enfant à ses parents, ne se réduit pas à une donnée biologique. Si la filiation biologique repose sur la transmission génétique et l'inscription dans une lignée, la filiation affective, quant à elle, se construit dans l'expérience relationnelle, l'investissement psychique et la reconnaissance mutuelle. Dans le champ de l'adoption, cette distinction prend une acuité particulière, car elle met en tension l'origine biologique et l'inscription dans une nouvelle lignée, fondée sur le désir d'accueillir, d'aimer et d'éduquer un enfant. Cette transition de la filiation biologique à la filiation affective constitue un enjeu central du travail psychique de l'adoption, tant pour l'enfant que pour les parents adoptifs. La psychanalyse interroge bien les fondements symboliques de la filiation. C'est dans ce sens que pour Françoise Dolto (1984), la filiation ne se limite pas à la biologie. Elle implique une parole fondatrice, un acte de nomination, une reconnaissance symbolique. Dans cette perspective, l'adoption peut être pensée comme un acte de filiation à part entière, dès lors qu'elle s'accompagne d'un engagement subjectif et d'une inscription dans une histoire familiale. Le nom donné à l'enfant, l'accueil dans la généalogie, la reconnaissance par les ascendants et la société sont autant d'actes qui instituent la filiation affective comme réalité psychique et sociale.

La construction d'une filiation affective ne va pas de soi. Car, l'enfant adopté porte en lui une histoire antérieure, souvent marquée par la perte, l'abandon ou la rupture. Il peut éprouver un sentiment d'incomplétude, de décalage, voire de loyauté inconsciente envers ses parents biologiques. Serge Tisseron (2007) évoque à ce propos la nécessité de « penser la filiation comme un processus » plutôt que comme un état figé. En effet, la filiation affective ne remplace pas la filiation biologique. Elle s'y superpose, la complète, parfois la répare, mais elle ne l'efface point. Dans cette optique, l'adoption suppose un travail de symbolisation des origines, même lorsqu'elles sont inconnues. Il s'agit de permettre à l'enfant de se représenter son histoire, d'en construire un récit, de donner sens à ses origines, aussi lacunaires soient-elles.

La pertinence du concept de transmission psychique dans ce contexte réside précisément dans sa capacité à penser les effets de l'invisible, du non-dit, de l'absent. Nicolas Abraham et Maria Torok (1978) ont montré que les secrets de famille, les deuils non élaborés, les traumatismes non symbolisés peuvent se transmettre d'une génération à l'autre sous forme de « cryptes » ou de « fantômes ». Dans l'adoption, ces transmissions peuvent concerner aussi bien la famille d'origine que la famille adoptive. L'enfant peut ainsi être porteur d'un héritage psychique double : celui de ses géniteurs, dont il ignore souvent l'histoire, et celui de ses parents adoptifs, qui peuvent eux-mêmes avoir vécu des pertes, des deuils ou des empêchements à la parentalité biologique. La filiation affective se construit alors dans un espace psychique traversé par ces transmissions multiples, parfois contradictoires.

La clinique de l'adoption, telle que développée par des auteurs comme Catherine Sellenet (2007) ou Myriam Szejer (2010), insiste sur l'importance de reconnaître cette complexité. Il ne s'agit pas de nier la filiation biologique, ni de l'idéaliser, mais de permettre à l'enfant de s'approprier son histoire, de la relier à son présent, et de se construire comme sujet. La filiation affective devient alors un espace de transformation, où l'amour, la parole, la reconnaissance et la continuité des soins permettent de symboliser les ruptures et de créer du lien. Dans cette perspective, l'adoption n'est pas une simple substitution de parents, mais une élaboration psychique et symbolique d'un lien de filiation, fondé sur le désir, la responsabilité et la transmission.

La transmission psychique, loin d'être un simple héritage familial, constitue une dynamique vivante, parfois conflictuelle, qui traverse les générations et façonne les identités. Dans le champ de l'adoption, elle révèle toute sa complexité. En effet, entre les traces laissées par l'histoire pré-adoptive, les projections des parents adoptifs, et les silences des origines, l'enfant adopté est souvent porteur d'un récit fragmenté, d'un héritage double, voire d'un impensé. Comprendre ces fils invisibles, c'est reconnaître que l'adoption ne se joue pas seulement dans le registre juridique ou affectif, mais aussi dans l'inconscient familial et social. C'est aussi ouvrir la voie à une clinique du lien adoptif qui intègre les dimensions symboliques, les transmissions silencieuses, et les enjeux de reconnaissance. En éclairant ces processus, nous pouvons mieux accompagner les familles adoptives dans leur cheminement, et offrir à l'enfant adopté un espace de subjectivation où les fils invisibles deviennent des repères, des appuis, et non des entraves.

Chapitre 2

L'ADOPTION COMME ÉVÉNEMENT PSYCHIQUE

L'adoption, bien au-delà de sa dimension juridique ou sociale, constitue un événement psychique majeur, tant pour l'enfant que pour les adultes qui l'accueillent. Elle engage très souvent des processus inconscients complexes, souvent traversés par les traces d'un deuil non résolu et d'un passé douloureux. C'est dans ce sens que le présent chapitre se propose d'explorer l'adoption comme un espace de remaniement psychique, où se rejouent des dynamiques de désir d'enfant et de projection des rêves non réalisés. En effet, le désir parental qui sous-tend l'acte adoptif ne saurait être réduit à une volonté de réparation ou de substitution. Il s'inscrit dans une quête de sens, de transmission, et parfois de réconciliation avec une histoire personnelle ou familiale. L'enfant adopté, quant à lui, est souvent porteur d'une mémoire implicite, d'un héritage symbolique, et d'une blessure originaire qui appelle à être reconnue, contenue et transformée. À travers une lecture croisée des théories du deuil, du transfert et du désir, ce chapitre interroge les conditions subjectives de l'adoption et les enjeux cliniques qui en découlent.

DÉSIR D'ENFANT : ENTRE REPARATION, IDÉALISATION ET PROJECTION

Le désir d'enfant dans le contexte adoptif ne relève pas uniquement d'un projet parental rationnel ou d'un acte altruiste. Il constitue une scène psychique complexe, traversée par des mouvements inconscients qui articulent réparation narcissique, idéalisation du lien, et projection fantasmatique. Ces dynamiques, bien que souvent implicites, influencent profondément la qualité de la rencontre entre l'enfant et ses parents adoptifs, ainsi que les modalités de subjectivation de chacun.

La réparation narcissique : combler une perte, restaurer une image

L'adoption, lorsqu'elle survient à la suite d'une infertilité ou d'un deuil périnatal, peut être investie comme un acte réparateur, porteur d'une forte charge symbolique. Dans cette configuration, le désir d'enfant ne se déploie pas uniquement comme projet parental, mais comme tentative de restauration d'une image de soi blessée, voire comme réponse à une souffrance non élaborée. L'enfant adopté devient alors le support d'un processus de réparation narcissique, tel que Freud l'a esquissé dans son texte sur l'introduction du narcissisme (1914), où l'enfant est investi comme prolongement du Moi parental, chargé de combler un manque ou de rétablir une continuité psychique rompue. Cette dynamique est particulièrement prégnante lorsque le deuil de l'enfant biologique n'a pas été symboliquement traversé. L'enfant adopté peut alors être pris dans une logique de substitution, où il est sommé d'incarner l'enfant perdu, rêvé ou fantasmé. Une assignation inconsciente qui le prive de la reconnaissance de son altérité, de son histoire propre, et de sa subjectivité. Donald Winnicott, dans sa réflexion sur la parentalité, insiste sur la nécessité pour les parents de reconnaître l'enfant comme distinct de leurs propres besoins et fantasmes, condition essentielle à l'émergence d'un espace psychique suffisamment contenant et différencié.

Nicole Stryckman (2009) approfondit la perspective de Donald Winnicott en soulignant que, chez certains hommes, le désir d'enfant s'inscrit dans une lutte contre la mort, une quête de sens face à la finitude. L'enfant devient alors un objet de survie psychique, porteur d'un mandat implicite ; Il se trouve charger de réparer, de redonner vie, de rétablir une continuité là où le réel a introduit une rupture. Ce mandat, s'il n'est pas mis en travail psychique, peut entraver la construction du lien adoptif, en enfermant l'enfant dans une fonction instrumentale, au détriment de sa subjectivation. La charge symbolique qui pèse sur l'enfant adopté dans ce contexte peut générer des effets cliniques significatifs. Allant du sentiment d'inadéquation à l'inhibition du développement identitaire en passant par la culpabilité implicite et surtout la difficulté à se dégager des attentes parentales. L'adoption, pour devenir un espace de subjectivation et non de confusion, doit ainsi être pensée comme un processus psychique à part entière, impliquant une élaboration du désir, une reconnaissance de la perte, et une capacité à accueillir l'enfant dans sa singularité. Ce n'est qu'à cette condition que le lien adoptif pourra se construire dans une temporalité ouverte, respectueuse des histoires croisées, et porteuse de sens partagé.

L'idéalisation : entre fantasme de fusion et déni de l'altérité

Dans le registre de la parentalité adoptive, l'idéalisation constitue une modalité fréquente du désir d'enfant. Elle peut concerner l'enfant lui-même ou le lien parental, rêvé comme fusionnel, harmonieux et réparateur. Cette idéalisation, si elle n'est pas mise en travail psychique, tend à masquer les zones de fragilité du lien, les résistances de l'enfant, et les effets du trauma originaire. Elle participe d'un fantasme de réparation, où l'enfant est investi comme vecteur de guérison, de réconciliation ou de plénitude. Annie Cohen (2012) souligne que l'enfant adopté est souvent porteur d'une histoire marquée par la rupture, la perte, voire la violence symbolique. Ces éléments, très souvent invisibles ou indicibles, constituent un héritage psychique que l'enfant ne peut intégrer que s'il est reconnu et symbolisé dans le lien. Or, l'idéalisation empêche souvent les parents de reconnaître cette altérité, de contenir les affects douloureux, ou d'accepter les limites du lien. Elle produit une image lissée de l'enfant et du lien, qui ne laisse pas de place à la conflictualité, à la complexité, ni à l'histoire singulière de l'enfant.

La posture idéalisante du parent en situation d'adoption tend à nourrir des attentes irréalistes, génératrices de déception, de culpabilité ou de retrait affectif. Dès lors, lorsque l'enfant ne correspond pas à l'image attendue, les parents peuvent se sentir trahis, impuissants ou inadéquats. Le lien adoptif, alors surinvesti, devient le lieu d'une tension entre idéal et réalité, entre fantasme et rencontre. L'enfant, pris dans ce maillage fantasmatique, peut éprouver une difficulté à se subjectiver, à se dégager des projections parentales, et à inscrire son propre récit. Notons que sur le plan clinique, cette idéalisation peut être interprétée comme une défense contre l'angoisse de perte, contre la reconnaissance du trauma originaire, ou contre la confrontation à la complexité du lien. Aussi témoigne-t-elle d'un désir de maîtrise, de cohérence, voire de réparation narcissique. Pourtant, pour que le lien adoptif puisse se construire dans une temporalité psychique ouverte, il importe que les parents puissent déconstruire cette idéalisation, accueillir les zones d'ombre du lien, et reconnaître l'enfant dans son altérité radicale.

La projection : l'enfant comme miroir des fantasmes parentaux

Dans le processus adoptif, la projection constitue un mécanisme psychique fondamental, souvent inconscient, par lequel les parents investissent l'enfant comme support de leurs désirs non réalisés, de leurs fantasmes, ou de leur quête de réparation symbolique. L'enfant adopté peut ainsi être chargé de restaurer une continuité familiale rompue, de réconcilier les parents avec leur propre histoire, ou d'incarner un idéal parental préexistant. Cette dynamique projective, si elle n'est pas mise en travail, tend à figer l'enfant dans une fonction instrumentale, au détriment de sa subjectivation. En effet, la projection parentale s'inscrit dans une logique de maîtrise du manque et de la perte. Elle permet aux parents de contourner l'angoisse liée à l'infertilité, au deuil périnatal ou à la rupture de la filiation biologique, en investissant l'enfant comme réponse à une souffrance non élaborée. Toutefois, cette assignation fantasmatique empêche souvent la reconnaissance de l'enfant comme sujet porteur d'une histoire propre, d'une mémoire implicite, et d'une altérité irréductible. Le lien adoptif devient alors le lieu d'une tension entre idéalisation et réalité, entre fantasme et rencontre.

Pris dans un maillage fantasmatique, l'enfant adopté peut se retrouver prisonnier d'un rôle qui ne lui appartient pas : celui de l'enfant réparateur, du médiateur familial, ou du garant d'une continuité psychique. Cette assignation peut générer des effets cliniques significatifs impliquant le sentiment d'inadéquation, la culpabilité implicite, l'inhibition du développement identitaire, ou même la résistance symptomatique. L'enfant, sommé de répondre à un désir parental non symbolisé, risque de se construire dans la conformité, la loyauté silencieuse, ou la révolte. Aussi, le rôle assigné à l'enfant crée souvent une dette implicite à travers laquelle il se sent redevable de l'amour reçu, de la protection offerte, ou de la place accordée. Cette dette, si elle n'est pas reconnue et déconstruite, peut entraver la liberté psychique de l'enfant, sa capacité à se différencier, et à inscrire son propre récit dans une temporalité subjective.

Vers une élaboration du désir : accueillir l'altérité, traverser le deuil

Le désir d'enfant dans le contexte adoptif ne peut se déployer de manière féconde que s'il est mis en travail psychique. Cette élaboration suppose une traversée des deuils initiaux du lien biologique, de l'enfant rêvé, de la filiation naturelle et une reconnaissance de l'enfant comme sujet porteur d'une histoire, d'une mémoire, et d'une altérité irréductible. Sans cette mise en travail, le désir reste pris dans une logique de réparation, de substitution ou d'idéalisation, qui entrave la construction d'un lien authentique et la subjectivation de l'enfant. En effet, le deuil du lien biologique implique pour les parents adoptants de renoncer à une filiation fondée sur la généalogie, sur la transmission corporelle et sur l'inscription dans une lignée naturelle. Ce renoncement, souvent douloureux, ouvre la possibilité d'une filiation symbolique, fondée sur le choix, la parole, et la reconnaissance mutuelle. De même, le deuil de l'enfant rêvé permet d'accueillir l'enfant réel, avec ses résistances, ses silences, et son histoire singulière.

La reconnaissance de l'altérité de l'enfant est au cœur de l'élaboration du désir adoptif. Elle suppose que les parents puissent contenir leurs projections, relativiser leurs idéalisations, et différencier leur propre récit de celui de l'enfant. En effet, l'enfant adopté n'est pas un prolongement du Moi parental, ni un objet de réparation narcissique. Mais, il est un sujet en devenir, porteur d'une mémoire implicite, souvent marquée par la rupture, la perte ou la violence symbolique. L'accueil de son altérité constitue une condition essentielle à la construction d'un lien adoptif humanisant. Car, dès lors que le désir parental est mis en travail, le lien adoptif peut devenir un véritable espace de symbolisation où les parents peuvent transmettre des repères, des valeurs, et une inscription dans une filiation choisie, sans effacer l'histoire originaire de l'enfant. Dans ce sens, le lien adoptif pourra articuler l' « Ailleurs » et l' « Ici » dans une dialectique entre continuité et rupture, entre héritage et création, entre mémoire et avenir.

« L'AILLEURS » ET « L'ICI » : ESPACES SYMBOLIQUES DE LA FILIATION

Le processus adoptif constitue une scène psychique singulière où se rejouent, dans un entre-deux symbolique, les tensions entre perte et reconstruction, absence et présence, origine et devenir. Loin d'être une simple substitution familiale ou une recomposition sociale, l'adoption engage une élaboration subjective profonde, tant pour l'enfant que pour les parents adoptants. Cette élaboration s'inscrit dans des espaces symboliques que l'on peut désigner comme ceux de l'« ailleurs » (lieu d'origine, d'abandon, de rupture) et de l'« ici » (lieu d'accueil, de narration et de réinscription filiale). Notons que ces espaces ne sont pas seulement géographiques ou institutionnels mais, ils sont avant tout psychiques, porteurs de représentations, d'affects et de récits car structurent l'identité et la filiation.

L'« ailleurs » : lieu de l'énigme, du manque et du deuil

Dans le cadre de la filiation adoptive, la notion d'« ailleurs » ne saurait être réduite à une simple localisation géographique de l'origine. Elle renvoie à un espace psychique pluriel, souvent inaccessible, morcelé ou idéalisé, qui constitue à la fois le lieu inaugural du lien et celui de sa rupture. Cet ailleurs, porteur d'une mémoire énigmatique, agit comme un noyau latent de représentations, de fantasmes et de tensions identitaires, affectant tant l'enfant adopté que ses parents adoptants. L'enfant adopté est traversé par les traces d'un passé dont il ne possède ni les mots ni les images explicites. Ce passé, non élaboré sur le plan symbolique, s'inscrit dans le registre corporel, affectif et comportemental. Roussillon (1999) qualifie cette empreinte de « mémoire énigmatique », soulignant qu'il s'agit d'éléments psychiques hérités mais non intégrés, qui opèrent silencieusement dans la vie psychique du sujet. Cette mémoire, en l'absence de mise en récit, peut générer des affects intenses de perte, de culpabilité ou de honte, difficilement articulables dans une trame narrative cohérente. Le déficit de symbolisation qui en découle favorise l'émergence de fantasmes puissants autour de l'origine : idéalisation des figures parentales biologiques, scénarios d'abandon ou de sauvetage, confusion entre réalité historique et imaginaire subjectif. Ces élaborations fantasmatiques, lorsqu'elles ne sont pas contenues ou accompagnées, peuvent entraver le processus de subjectivation et complexifier la construction identitaire du sujet adopté.

L'« ailleurs » adoptif peut aussi sans doute être envisagé comme le siège d'une fidélité silencieuse, d'une loyauté invisible envers les figures parentales absentes, perdues ou idéalisées. À cet égard, les travaux d'Anne Ancelin Schützenberger (1993) mettent en lumière la manière dont les sujets peuvent entretenir des liens inconscients avec leur lignée, indépendamment de toute connaissance explicite ou contact direct. Dans le contexte de l'adoption, cette loyauté se manifeste fréquemment par des conduites paradoxales : résistance à l'attachement, identification à des figures parentales fantasmatiques, ou encore mise en échec des liens avec les parents adoptants. Ces loyautés invisibles, agissant en dehors de la conscience, participent activement à la genèse de conflits identitaires. L'enfant adopté se trouve pris dans une oscillation constante entre le désir d'intégration au sein de sa nouvelle famille et une fidélité persistante à une origine perdue, souvent investie de manière fantasmatique. Ce tiraillement psychique peut se traduire par des expressions symptomatiques variées : troubles du comportement, difficultés d'apprentissage, ou crises identitaires marquées, notamment à l'adolescence, période où les enjeux de filiation et d'appartenance se réactivent avec intensité.

L'adoption, en tant que processus psychique et institutionnel, s'inscrit dans une dynamique marquée par les non-dits et les mal-dits, qui rendent nécessaire un travail de deuil pour chacun des protagonistes de la relation adoptive. Ce travail concerne, d'une part, l'enfant, appelé à renoncer aux figures parentales biologiques, à sa langue maternelle et à sa culture d'origine. Autant de composantes de l'« ailleurs » qui, une fois perdues, peuvent être vécues comme une amputation symbolique. Ce deuil est fréquemment entravé par le silence des institutions, le manque d'accès aux informations sur l'origine, ou encore par le tabou entourant l'histoire antérieure de l'enfant. L'absence de parole sur ces éléments empêche leur élaboration psychique et compromet leur intégration dans une trame narrative cohérente.

D'autre part, les parents adoptants sont eux aussi confrontés à un travail de deuil, portant sur l'enfant biologique rêvé, la parentalité dite « naturelle », voire sur la grossesse fantasmée. Ce renoncement constitue une condition préalable à l'accueil de l'enfant réel, porteur d'une altérité et d'une histoire singulière. Comme l'indique Lebovici (1999), le défaut d'élaboration de ce deuil peut conduire les parents à figer leur position dans des attentes irréalistes, des projections idéalisantes ou des postures réparatrices, qui entravent la rencontre authentique avec l'enfant. Lorsque ces deuils ne sont ni reconnus ni travaillés, ils tendent à cristalliser des impasses relationnelles. L'enfant peut alors devenir le support d'un désir parental non élaboré, tandis que les parents adoptants se trouvent investis comme les figures d'un abandon réactualisé. La relation adoptive se trouve ainsi prise dans une logique de répétition, fondée sur la réactivation de blessures non symbolisées, plutôt que dans une logique de création, ouverte à la reconnaissance mutuelle et à l'invention d'une filiation symbolique.

L'« ici » : espace de projection, de narration et de filiation symbolique

Pour parler de l'adoption, l'« ici » ne saurait être appréhendé comme un simple lieu physique ou institutionnel d'accueil. Il constitue aussi et surtout un espace symbolique fondamental, dans lequel l'enfant est nommé, reconnu et inscrit dans une lignée. Cet espace est celui d'une filiation construite, fondée non sur la généalogie biologique, mais sur les principes de la parole, du désir parental et de la reconnaissance mutuelle. Toutefois, la constitution pleine et entière de cet « ici » ne peut advenir que dans la mesure où il intègre l'« ailleurs » de l'enfant sans chercher à les effacer ni à les substituer. Dans ce sens, la filiation adoptive authentique repose sur une articulation féconde entre l'origine et l'accueil. Il ne s'agit ni de nier le passé de l'enfant, ni de le reléguer au silence, mais bien de lui conférer une place symbolique au sein du récit familial. Cette reconnaissance de l'« ailleurs » permet à l'enfant de ne pas être assigné à une discontinuité radicale, mais de s'inscrire dans une continuité narrative, certes recomposée, mais psychiquement signifiante.

La parentalité adoptive ne consiste pas à réécrire l'histoire de l'enfant, mais à accueillir son altérité, en lui offrant un cadre symbolique où son passé peut être nommé, pensé et intégré. C'est précisément cette capacité à contenir l'origine sans la dissoudre qui rend possible l'émergence d'un lien filial fondé sur la reconnaissance, et non sur la substitution ou le déni. La constitution de l'« ici » adoptif requiert donc un travail de symbolisation, entendu comme la mise en forme psychique des éléments de l'histoire de l'enfant, souvent marqués par la discontinuité, le silence ou l'expérience traumatique. Ce processus de symbolisation ne peut s'opérer que dans un cadre relationnel suffisamment contenant, soutenu par des médiations spécifiques qui permettent de relier les fragments du passé à un présent investi, et d'inscrire l'enfant dans une temporalité psychiquement signifiante. C'est dans ce sens que Houzel (2000) souligne l'importance de l'espace transitionnel, conçu comme un lieu psychique et relationnel où l'enfant peut progressivement élaborer les ruptures et les continuités de son parcours. Cet espace constitue une zone intermédiaire de jeu symbolique, propice à la transformation des représentations, à la circulation des affects, et à l'émergence d'une pensée de

34

soi comme sujet inscrit dans une filiation, non pas en dépit de son origine, mais en l'intégrant.

Lorsque l'« ici » adoptif parvient à accueillir l'« ailleurs » dans une logique de reconnaissance il devient un véritable lieu d'inscription subjective. L'enfant peut alors se penser comme appartenant à une lignée, non pas biologique, mais symbolique, fondée sur le désir de transmission, la capacité d'accueil et la reconnaissance de son altérité. L'« ici » se transforme ainsi en un espace de narration, de réinscription et de métamorphose, où l'enfant peut élaborer son histoire, construire son identité et se projeter dans une temporalité ouverte à l'avenir.

Le transfert et le désir parental : dynamiques de l'entre-deux

La filiation adoptive ne procède pas d'une logique linéaire, mais s'inscrit dans une dynamique relationnelle complexe, traversée par des mouvements psychiques profonds et souvent ambivalents. Entre l'« ailleurs » de l'origine et l'« ici » de l'accueil se constitue un espace tiers, à la fois transitionnel et transférentiel. Cet espace, fondamental dans le processus adoptif, devient le lieu potentiel d'une rencontre subjective entre l'enfant et ses parents adoptants, rencontre qui ne va jamais de soi et qui demande à être continuellement construite. Car, l'adoption mobilise un champ transférentiel particulièrement dense. En effet, l'enfant peut transférer sur ses parents adoptifs des affects liés à ses figures parentales antérieures et réactiver des scénarios inconscients marqués par l'abandon, la perte ou l'idéalisation. Ces transferts peuvent se manifester sous forme d'attentes de réparation, de crainte de la répétition de l'abandon, ou de quête d'un parent idéalisé. Simultanément, les parents adoptants peuvent projeter sur l'enfant leurs propres blessures narcissiques, leurs désirs non élaborés ou leurs idéaux parentaux, souvent issus de deuils non symbolisés ou de manques antérieurs. Lorsque ces mouvements transférentiels et projectifs ne sont pas reconnus ni élaborés, ils tendent à figer les places dans la relation, assignant l'enfant à des fonctions imaginaires et empêchant l'émergence d'un lien vivant, évolutif et subjectivant. La rencontre adoptive risque alors de se structurer autour de répétitions inconscientes plutôt que sur une co-construction symbolique du lien filial. À l'inverse, lorsque ces dynamiques sont accueillies, pensées et contenues, elles peuvent devenir les vecteurs d'une élaboration psychique mutuelle, ouvrant la voie à une filiation fondée sur la reconnaissance de l'altérité et la transformation des héritages affectifs.

Au cœur du processus adoptif se déploie le désir parental, lequel ne saurait être appréhendé comme une simple aspiration à avoir un enfant. Il s'agit d'un désir complexe, orienté vers la transmission, l'établissement d'une filiation et la reconnaissance mutuelle, qui engage le sujet adulte dans une position de parent symbolique. Ce désir, pour être véritablement fécond, doit pouvoir se déprendre des logiques de réparation et s'ouvrir à l'accueil de l'enfant dans sa singularité, son opacité, et parfois sa souffrance. Dans cette perspective, Jean-Marie Delassus (2004) qualifie la parentalité adoptive de création symbolique. Ce qui suggère qu'elle ne repose pas sur la continuité biologique, mais sur la capacité à instituer un lien fondé sur le désir, la parole et la reconnaissance de l'altérité. Cette création implique une posture éthique, consistant à accueillir un enfant porteur d'une histoire autre, sans chercher à la nier ni à la combler, mais en lui offrant un espace psychique et relationnel où cette histoire puisse être pensée, nommée et transformée. L'espace tiers qui se constitue entre l'« ailleurs » de l'origine et l'« ici » de l'accueil devient alors un lieu potentiel de subjectivation. Il permet à l'enfant de se penser comme sujet de son propre récit, et non comme objet du désir parental. Ce lieu transitionnel, lorsqu'il est soutenu par une parentalité réflexive et contenante, favorise l'élaboration d'un roman familial où l'enfant peut inscrire son histoire, construire son identité et se projeter dans une temporalité ouverte.

LE ROMAN FAMILIAL REVISITE : ENTRE FANTASME ET RÉALITE

Considéré comme une fiction psychique par laquelle l'enfant tente de se réapproprier son origine en la réinventant, le roman familial acquiert, dans le contexte de l'adoption, une portée singulièrement amplifiée. Il ne se limite plus à sa fonction œdipienne classique, celle d'un mécanisme de substitution imaginaire des parents réels par des figures idéalisées, mais devient un espace de négociation entre fantasme et réalité, traversé par les enjeux psychiques du deuil, du transfert et du désir parental. Dans cette configuration, le roman familial revisité ne constitue pas seulement un refuge imaginaire, mais un lieu de reconfiguration des récits d'origine et des places subjectives. Aussi révèle-t-il une tension féconde entre ce qui a été perdu et ce qui peut être symbolisé, entre les représentations idéalisées de l'origine et les réalités de l'histoire adoptive. Le travail psychique qui s'y déploie engage à la fois l'enfant et ses parents adoptants dans un processus de remaniement des identifications, des attentes et des appartenances, où le fantasme ne s'oppose pas à la réalité, mais en devient un opérateur de transformation.

Le roman familial comme réponse au manque

Le roman familial, tel que défini par Freud (1909), renvoie à une construction fantasmatique par laquelle l'enfant, confronté aux limites de ses parents réels, s'imagine issu d'une lignée supérieure, souvent idéalisée. Ce mécanisme, inscrit dans la dynamique œdipienne, permet à l'enfant de se réapproprier son origine en la réinventant, tout en négociant les frustrations inhérentes à la réalité parentale. Dans le cadre de l'adoption, ce processus se trouve considérablement complexifié : l'enfant adopté ne se confronte pas seulement à des limites symboliques, mais à une rupture réelle de filiation, souvent marquée par le silence, l'absence ou le trauma. En effet, privé d'un récit d'origine stable, l'enfant adopté mobilise le roman familial comme un dispositif défensif face au vide symbolique. C'est ainsi qu'il élabore des scénarios d'origine idéalisée, investissant des figures parentales biologiques fantasmatiques, parfois nobles, puissantes ou héroïques. Cette fiction psychique lui permet de compenser l'absence de repères, de restaurer une continuité imaginaire, et de se construire une appartenance alternative. Dès lors, le roman familial devient un espace de projection, mais aussi de protection contre l'angoisse liée à la perte et à l'indétermination.

La construction d'un modèle familial idéal se réactive avec intensité à l'adolescence, période où les enjeux identitaires et les conflits de loyauté se cristallisent. L'adolescent adopté peut alors se distancier des figures parentales adoptives, réinvestir l'origine biologique et tenter de négocier les tensions entre appartenance et altérité. Le roman familial lui offre une scène psychique où il peut rejouer les conflits, interroger les filiations, et affirmer une autonomie imaginaire. Cependant, lorsque le fantasme supplante la réalité, le roman familial peut devenir une source d'impasse. L'enfant risque de s'enfermer dans une fiction idéalisante, empêchant l'élaboration du deuil et la reconnaissance des figures parentales adoptives dans leur réalité. Le refus de symboliser la perte, la fixation sur une origine mythifiée, ou la dévalorisation des parents adoptants peuvent entraver le processus de subjectivation et figer les places dans la relation. Le roman familial, au lieu d'être un outil de transformation, devient alors un obstacle à l'intégration psychique. Pour que le roman familial puisse jouer un rôle structurant, il doit être accompagné d'un travail de mise en récit, de médiation symbolique et de reconnaissance mutuelle. Le roman familial revisité dans l'adoption ne doit donc pas être nié, mais intégré comme une étape du processus de construction identitaire, permettant à l'enfant de négocier les ruptures, d'élaborer les conflits, et de se penser comme sujet dans une filiation choisie.

Le transfert et la réécriture des places

Dans le contexte de l'adoption, le roman familial ne se limite pas à une construction fantasmatique individuelle au sens freudien du terme, mais devient un espace intersubjectif où se rejouent, parfois à l'insu des protagonistes, des dynamiques transférentielles complexes. Freud (1909), dans son texte sur le « roman familial des névrosés », décrit ce processus par lequel l'enfant élabore une fiction sur ses origines pour se dégager de la toute-puissance parentale. Dans l'adoption, cette fiction prend une dimension particulière. En effet, elle ne vient pas seulement voiler une réalité biologique, mais tente de donner sens à une rupture originaire, à une perte fondatrice. Dans ces conditions, l'enfant adopté pourrait projeter sur ses parents adoptifs des affects ambivalents liés aux figures parentales absentes ou idéalisées. Ce qui peut prendre le visage des attentes de réparation, la colère, le rejet, ou encore les fantasmes de retrouvailles. Ces projections, souvent inconscientes, traduisent une tentative de symbolisation de la perte et de la blessure narcissique liée à l'abandon (Ansermet et Giacobino, 2012). De leur côté, les parents adoptifs ne sont pas exempts de mouvements transférentiels. Ils peuvent investir l'enfant comme l'incarnation d'un enfant idéalisé, d'un enfant « sauvé » ou « réparateur », porteur d'un projet narcissique de réparation de leur propre histoire.

Les projections croisées entre parents et enfants en situation d'adoption, lorsqu'elles ne sont pas reconnues et travaillées, risquent de figer les places dans une logique d'assignation imaginaire. L'enfant peut être enfermé dans le rôle de l'enfant-problème ou de l'enfant-miracle, tandis que les parents peuvent se retrouver dans une posture de toute-puissance ou d'impuissance, empêchant l'émergence d'un lien vivant et mutuellement transformateur. Un figement relationnel qui peut être analysé comme une défense contre l'angoisse de la perte, de l'étrangeté, voire de la non-appartenance. Seulement, ce champ transférentiel, loin d'être pathologique en soi, peut devenir un espace de travail psychique et relationnel. Car, lorsqu'il est reconnu et symbolisé, il ouvre la possibilité d'un processus de subjectivation pour chacun des membres de la triade adoptive. L'enfant peut alors se dégager des assignations projectives pour construire une narration singulière de son histoire, tandis que les parents peuvent renoncer à l'enfant fantasmé pour rencontrer l'enfant réel, dans sa complexité et son altérité. Dès lors, le roman familial cesse d'être une fiction défensive figée pour devenir un récit évolutif, ouvert à la transformation. Aussi devient-il un espace de co-construction symbolique, où la reconnaissance mutuelle permet à chacun de se réapproprier son histoire et de s'inscrire dans une filiation choisie et signifiante.

Tout au long de ce chapitre, il apparaît que l'adoption, envisagée comme événement psychique, révèle une scène intérieure où se nouent et se rejouent des mouvements de perte, de désir et de rencontre. Elle convoque chez les parents adoptants un travail de deuil de la filiation biologique, tout en ouvrant un espace de symbolisation du lien. Le transfert, dans ce contexte, ne se limite pas au champ thérapeutique : il irrigue les relations familiales, les attentes, les projections, et les identifications mutuelles. Le désir parental, quant à lui, peut se déployer dans une tension entre idéalisation et reconnaissance de l'altérité de l'enfant. Ce dernier, porteur d'une histoire souvent marquée par la rupture, doit pouvoir inscrire son récit dans une trame qui lui permette de se subjectiver, de se réapproprier son origine, et de se construire dans un lien suffisamment contenant. Ainsi, penser l'adoption comme événement psychique, c'est reconnaître sa puissance de transformation, ses zones de fragilité, et son potentiel de création de sens. Ce qui suggère que les acteurs en situation d'adoption puissent traverser les deuils, accueillir les transferts, et interroger les désirs qui les animent.

Chapitre 3

L'ADOLESCENT ADOPTÉ : IDENTITÉ, MÉMOIRE ET APPARTENANCE

L'adolescence constitue une période charnière dans le processus de subjectivation, marquée par des remaniements identitaires profonds, une réactivation des enjeux de filiation, et une quête d'appartenance renouvelée. Elle engage le sujet dans une traversée psychique où se rejouent les conflits œdipiens, les identifications primaires et les fantasmes de séparation, tout en ouvrant la voie à une autonomisation progressive du Moi. Pour l'adolescent adopté, ces dynamiques prennent une coloration singulière, traversée par la mémoire d'une rupture originaire, la complexité des liens adoptifs, et les zones d'ombre liées à l'histoire pré-adoptive. L'adoption, en tant que dispositif de filiation substitutive, introduit une double tension : d'une part, elle inscrit l'enfant dans une nouvelle lignée symbolique, fondée sur le désir d'accueil et de transmission ; d'autre part, elle conserve en creux la trace d'une perte initiale, souvent indicible, qui peut ressurgir avec force à l'adolescence. Cette période réactive les questions fondamentales du « d'où je viens ? », « qui suis-je ? », « à qui j'appartiens ? », et confronte l'adolescent adopté à une pluralité de référents identitaires parfois contradictoires. Sur le plan psychanalytique, l'adolescence adoptive engage une élaboration psychique où se croisent les dimensions du manque, du fantasme, du secret et du récit. Ce chapitre propose ainsi d'explorer les défis identitaires et émotionnels propres à l'adolescent adopté, en articulant les apports de la psychanalyse, de la psychogénéalogie et des approches cliniques de la transmission psychique. Il s'agira de comprendre comment les processus transférentiels, les récits familiaux et les dispositifs symboliques peuvent soutenir ou entraver la construction d'une appartenance signifiante, dans un contexte où l'histoire personnelle se conjugue avec les enjeux collectifs de la filiation, de la mémoire et du lien.

L'ADOLESCENCE COMME SECONDE NAISSANCE PSYCHIQUE

L'adolescence constitue une période de remaniement profond, souvent décrite comme une « seconde naissance » (Dolto, 1988), où le sujet est amené à se réengendrer psychiquement. Ce processus, déjà complexe dans le développement ordinaire, se trouve amplifié chez l'adolescent adopté, dont l'histoire est traversée par des ruptures, des silences et des filiations multiples. Trois axes permettent d'en éclairer les enjeux : la mutation corporelle comme déclencheur de la quête identitaire, la réactivation des origines et des fantasmes de filiation, et la nécessité d'un récit symbolisant la traversée.

Le corps adolescent : lieu d'inscription du conflit identitaire

La puberté constitue un moment de bascule dans le développement psychique, où le corps devient le vecteur visible de transformations internes majeures. Il se sexualise, s'individualise, et s'expose au regard de l'autre, devenant ainsi un lieu d'inscription du désir, de l'altérité et de la reconnaissance. Pour tout adolescent, cette mutation corporelle implique une réorganisation des repères narcissiques et identificatoires. Mais pour l'adolescent adopté, elle prend une dimension singulière, en ce qu'elle réactive des vécus précoces de discontinuité, de non-appartenance ou de rejet, souvent liés à l'histoire de l'abandon ou de la séparation originaire. Dès lors, le corps adolescent devient le théâtre d'une conflictualité intense, où se rejouent les blessures archaïques et les fantasmes de réparation. Aussi peut-il être investi comme lieu de protestation, de mise à l'épreuve du lien, ou de quête de maîtrise sur une histoire qui échappe. Les conduites à risque comme les troubles alimentaires, les scarifications, l'hypersexualisation, les conduites addictives peuvent être comprises ici comme des tentatives de mise en forme d'un vécu de rupture ou d'invisibilité (Barthélémy, 2012 ; Cyrulnik, 2003). Ces manifestations ne relèvent pas toujours d'une pathologie comportementale, mais traduisent une souffrance identitaire et relationnelle, souvent amplifiée par le silence ou le déni entourant les origines.

Comme le souligne Françoise Dolto, « le corps adolescent est le lieu où le sujet naît à lui-même » (Dolto, 1988). Cette naissance corporelle, dans le contexte de l'adoption, suppose un travail de symbolisation spécifique, permettant au sujet de relier les transformations biologiques à une histoire psychique cohérente. Or, lorsque ce travail n'est pas accompagné le corps peut devenir le seul espace d'expression du conflit, au détriment de la pensée et du lien. Les projections parentales jouent également un rôle déterminant dans cette dynamique. Les parents adoptifs peuvent être confrontés à leurs propres fantasmes et éprouver des difficultés à accueillir les manifestations de l'altérité corporelle et psychique de l'adolescent. Ce dernier, en quête de différenciation, peut alors se heurter à des réponses défensives, voire à des réactivations inconscientes du trauma adoptif chez les parents eux-mêmes (Ansermet et Giacobino, 2012). Le corps devient ainsi le lieu d'un transfert croisé, où se cristallisent les enjeux de reconnaissance, de séparation et de filiation.

La réactivation des origines à l'adolescence : entre quête de filiation et héritages inconscients

L'adolescence constitue une période de remaniement identitaire intense, au cours de laquelle les questions liées aux origines, souvent latentes ou mises à distance durant l'enfance, resurgissent avec une acuité nouvelle. Pour l'adolescent adopté, cette réactivation prend une dimension singulière, car elle convoque non seulement les figures parentales présentes, mais aussi les absents, les inconnus, les silencieux. Les interrogations telles que « D'où je viens ? », « Pourquoi ai-je été adopté ? », « Qui sont mes parents biologiques ? » ne relèvent pas d'une simple curiosité généalogique, mais traduisent une quête existentielle visant à donner sens à une histoire marquée par la rupture, le secret ou l'énigme. Cette quête identitaire est nourrie par des récits fragmentés, des silences familiaux, voire des fantasmes de réparation ou de retrouvailles. L'adolescent adopté peut osciller entre l'idéalisation des parents biologiques et le rejet des parents adoptifs, vécus comme des figures de substitution ou d'effacement. Ce mouvement, bien que potentiellement conflictuel, constitue une tentative de recomposition symbolique de la filiation, dans laquelle le sujet cherche à articuler ses appartenances multiples et parfois contradictoires (Barthélémy, 2012 ; Ternisien, 2015).

La quête identitaire chez le sujet en situation d'adoption ne va pas sans risque. En l'absence d'un espace d'élaboration psychique, les tensions peuvent conduire à des clivages identitaires, à des conflits de loyauté, voire à des impasses subjectives. L'adolescent peut se retrouver pris dans une logique binaire sans parvenir à les intégrer dans une narration unifiée. C'est pourquoi l'accompagnement de cette traversée nécessite une posture clinique attentive, capable de soutenir la complexité du vécu sans chercher à le simplifier ou à le résoudre prématurément. Les travaux sur la transmission psychique intergénérationnelle apportent ici un éclairage précieux. Faimberg (2005) évoque la notion d'« après-coup originaire » pour désigner ces moments où le sujet, confronté à une énigme de son histoire, est amené à réinterpréter rétroactivement les traces laissées par les générations précédentes. Dans le cas de l'adoption, ces traces peuvent être particulièrement opaques, voire non symbolisées, et se transmettre sous forme de « secrets de famille », de non-dits ou de charges affectives diffuses. Ansermet et Giacobino (2012) soulignent que l'enfant adopté peut porter, à son insu, des héritages inconscients non élaborés, issus tant de son histoire biologique que des projections parentales adoptives. Ces héritages, s'ils ne sont pas reconnus et mis en mots, peuvent entraver le processus de subjectivation et alimenter des impasses identitaires.

Dès lors, il apparaît essentiel de créer des espaces de parole et de symbolisation où l'adolescent puisse explorer ses origines, interroger ses appartenances, et construire une narration singulière de son parcours. Il ne s'agit pas de combler le manque ou de restituer une vérité historique, mais de permettre au sujet de se réapproprier son histoire, d'en faire un récit habitable, et d'inscrire sa filiation dans une dynamique évolutive. Cette élaboration constitue une condition essentielle pour que l'adoption cesse d'être vécue comme une assignation ou une blessure, et devienne un lieu possible de subjectivation et de reconnaissance.

Le récit de soi : médiation symbolique de la seconde naissance

La seconde naissance psychique, concept central dans la compréhension des remaniements identitaires à l'adolescence, suppose la possibilité pour le sujet de se réapproprier son histoire à travers un travail de symbolisation. Pour l'adopté, ce processus revêt une intensité particulière, en raison des discontinuités biographiques, des zones d'ombre généalogiques et des blessures de filiation qui jalonnent son parcours. Dans ces conditions, la construction d'un récit de soi ne vise pas tant à restituer une vérité factuelle ou historique qu'à permettre une élaboration subjective de l'expérience, une mise en récit capable de relier les fragments épars de l'histoire personnelle, d'intégrer les ruptures, et de donner sens aux manques. Ce travail de narration s'inscrit dans une dynamique de subjectivation, entendue comme processus de construction du sujet dans et par le langage, les représentations et les liens. Paul Ricoeur (1990) propose à cet égard la notion d'« identité narrative », selon laquelle le sujet se constitue dans la temporalité de récits qu'il tisse autour de lui-même, articulant le même et l'autre, la continuité et la transformation. L'identité narrative dont il s'agit ici permet de dépasser une conception figée de soi pour accéder à une subjectivité en devenir, ouverte à la reconfiguration du passé à la lumière du présent et des projections futures.

Dans le champ de l'adoption, les médiations symboliques jouent un rôle fondamental dans le travail de mise en récit. Le génogramme, le récit de vie, l'écriture autobiographique, les dispositifs d'accompagnement thérapeutique ou éducatif constituent autant d'espaces transitionnels où le sujet peut explorer, représenter et transformer son vécu. Ces médiations offrent un cadre contenant et symbolisant, où les affects peuvent être mis en forme, les absences nommées, et les filiations réinventées. Ce qui permettrait à l'adolescent adopté de se dégager d'une assignation identitaire figée pour devenir auteur de son propre récit. Cependant, ce travail de narration ne peut s'effectuer de manière isolée. Il requiert un environnement familial et institutionnel suffisamment soutenant, capable d'accueillir la complexité des trajectoires adoptives, les zones d'incertitude, les ambivalences affectives et les quêtes identitaires. Un tel cadre doit faire preuve d'une ouverture à l'altérité, d'une capacité à tolérer l'incomplétude et à soutenir la parole du sujet sans la rabattre sur des explications normatives ou des injonctions à l'oubli. C'est dans cette articulation entre récit personnel et reconnaissance intersubjective que peut s'opérer une véritable émancipation psychique, ouvrant la voie à une appropriation singulière de l'histoire et à une inscription symbolique dans la filiation.

LES CONFLITS DE LOYAUTÉ ET LA QUÊTE D'IDENTITÉ

L'adolescence constitue une phase cruciale de remaniement identitaire, au cours de laquelle le sujet est confronté à la double exigence de différenciation et d'appropriation de son histoire personnelle, dans le but de s'inscrire symboliquement au sein d'une filiation. Ce processus, déjà complexe pour tout adolescent, se trouve considérablement amplifié dans le contexte adoptif, en raison de la multiplicité des appartenances, des discontinuités généalogiques et des zones d'indétermination biographique qui jalonnent le parcours de l'adopté. À cette étape du développement, les conflits de loyauté tendent à se réactiver avec intensité, venant perturber les dynamiques de subjectivation et entraver la mise en récit de soi. L'analyse de ces enjeux peut s'articuler autour de trois axes fondamentaux, permettant d'en saisir les implications psychiques, relationnelles et symboliques.

La double appartenance et la tension entre filiation biologique et filiation adoptive

L'adoption, en tant qu'acte social et affectif, institue une filiation socialement reconnue, fondée sur le lien choisi et sur l'engagement parental. Toutefois, cette filiation adoptive ne saurait effacer la trace de la filiation biologique, qui persiste comme un repère latent, parfois fantasmé, dans le psychisme de l'enfant adopté. À l'adolescence, période de remaniement identitaire et de réactivation des questions d'origine, cette dualité filiatique devient particulièrement saillante. En effet, l'adopté se trouve confronté à une tension entre deux pôles d'appartenance : celui de la famille adoptive, qui l'a élevé et socialisé, et celui de la famille biologique, souvent absente mais investie symboliquement comme source de l'origine. Cette tension peut se manifester sous forme de conflits de loyauté implicites, où le désir de connaître ses origines biologiques est vécu comme une transgression, voire une trahison envers les parents adoptifs. Inversement, l'attachement profond à ces derniers peut susciter une culpabilité vis-à-vis des figures parentales de naissance, perçues comme abandonnées ou oubliées. Ces conflits ne sont pas nécessairement verbalisés, mais ils agissent en profondeur sur les dynamiques affectives et identitaires du sujet.

David Brodzinsky (1990), spécialiste du développement des enfants adoptés, souligne que ces conflits de loyauté sont exacerbés lorsque l'adoption s'est construite dans le silence ou le déni des origines. L'absence de parole autour de la famille biologique, les zones d'ombre biographiques ou les récits lacunaires peuvent engendrer chez l'enfant une injonction paradoxale : aimer ses parents adoptifs tout en renonçant à toute quête de ses origines, comme si la curiosité généalogique menaçait l'équilibre affectif du lien adoptif. Cette injonction, souvent intériorisée, entrave la possibilité d'un travail psychique d'appropriation de l'histoire personnelle. Pour que l'adolescent puisse élaborer cette tension et dépasser les clivages identitaires, il est essentiel que les figures parentales et institutionnelles reconnaissent explicitement la double appartenance qui le constitue. Cette reconnaissance ne relève pas d'un simple discours, mais d'une posture relationnelle ouverte à la complexité, capable de soutenir la cohabitation des filiations sans les opposer. Elle implique de valider le droit du sujet à interroger ses origines, à exprimer ses ambivalences, et à construire un récit de soi intégrant les différentes strates de son histoire. À cet effet, la reconnaissance de la filiation biologique ne menacerait donc pas la filiation adoptive, mais au contraire la renforcer en la rendant plus symboliquement opérante. Elle permet à l'adopté de sortir d'une logique de loyauté exclusive pour entrer dans une dynamique de subjectivation, où les appartenances multiples peuvent être pensées, représentées et articulées.

La loyauté invisible et les fidélités inconscientes à la famille d'origine

Au-delà des conflits de loyauté explicitement ressentis ou formulés, l'adolescent adopté peut être traversé par des fidélités inconscientes à sa famille d'origine, qui s'inscrivent dans une logique transgénérationnelle souvent silencieuse mais agissante. Ces fidélités, que Marianne Sébastien (2007) qualifie de « loyautés invisibles », relèvent d'un registre implicite, où le sujet se sent tenu, sans en avoir toujours conscience, de répondre à une dette symbolique envers ses ascendants biologiques. Dans le contexte adoptif, ces loyautés prennent une forme singulière, en raison de la rupture des liens de filiation d'origine et de l'absence fréquente d'un récit clair et continu sur l'histoire familiale antérieure à l'adoption. Ces dynamiques peuvent se manifester de manière paradoxale et parfois déconcertante pour l'entourage. Car, elles impliquent des comportements d'auto-sabotage, le désengagement scolaire, les difficultés relationnelles, ou encore l'identification à des figures parentales absentes, idéalisées ou fantasmées. L'adolescent peut ainsi rejeter ses parents adoptifs non par désamour, mais par fidélité inconsciente à une mère biologique idéalisée, à une fratrie inconnue ou à une lignée blessée. Un rejet qui peut être interprété comme une tentative de maintenir vivant un lien symbolique avec une origine perdue, comme si l'oubli ou l'intégration de la nouvelle filiation équivalait à une trahison.

La théorie des loyautés familiales développée par Ivan Boszormenyi-Nagy et Geraldine Spark (1973) éclaire ces processus. Selon eux, tout individu est inscrit dans un réseau d'obligations intergénérationnelles, explicites ou implicites, qui structurent les relations familiales et les positionnements subjectifs. Dans le cas de l'adoption, ces obligations peuvent se réactiver à l'adolescence sous forme de dettes symboliques envers les figures parentales d'origine, même en l'absence de tout contact ou souvenir concret. Le sujet peut alors se sentir sommé, à son insu, de réparer une injustice, de porter une mémoire, ou de redonner une place à ceux qui ont été effacés du récit familial. Pour que ces loyautés invisibles puissent être élaborées et transformées, il est essentiel de leur offrir un espace de mise en mots et de représentation. Les médiations symboliques jouent ici un rôle fondamental. Elles permettent de rendre visible l'invisible, de nommer les absents, de cartographier les filiations multiples et de donner forme aux affects diffus. En retraçant les lignes de force transgénérationnelles, ces médiations offrent au sujet la possibilité de se dégager des injonctions muettes, de différencier ses désirs propres de ceux hérités, et de se réapproprier son histoire dans une perspective de subjectivation. Cette dynamique élaborative ne vise pas à rétablir une vérité historique, mais à permettre au sujet de construire une cohérence interne, en intégrant les différentes strates de son identité. Il s'agit de passer d'une loyauté subie à une fidélité choisie, d'un héritage contraignant à une filiation réinventée.

La quête d'identité narrative comme issue aux conflits de loyauté

Dans les parcours adoptifs, les tensions identitaires sont souvent marquées par une invisibilité structurelle : elles ne se manifestent pas toujours de manière explicite, mais traversent en profondeur le vécu psychique de l'adopté. En effet, ces tensions prennent racine dans les discontinuités biographiques, les ruptures de filiation, les zones d'ombre généalogiques et les assignations identitaires parfois figées par le regard social ou familial. Face à cette complexité, la construction d'un récit de soi s'impose comme un processus central de subjectivation, permettant au sujet de se réapproprier son histoire, de la mettre en forme, et d'en devenir l'auteur. Paul Ricoeur (1990), dans *Soi-même comme un autre*, introduit la notion d'« identité narrative » pour désigner la capacité du sujet à se constituer à travers les récits qu'il tisse sur lui-même. Loin d'une identité substantielle ou figée, l'identité narrative donc repose sur une dialectique entre le *même* (l'ipséité, la continuité du soi) et l'*autre* (l'altérité, la transformation). Ce qui est de nature à permettre une certaine articulation des ruptures, des pertes et des discontinuités dans une trame signifiante, ouvrant ainsi la possibilité d'une cohérence subjective malgré les fractures du parcours.

Avec l'adoption, la narration ne vise pas à restituer une vérité historique exhaustive, mais à produire une intelligibilité symbolique de l'expérience. Comme le souligne Florence Fréchon (2012, p. 160), « l'adopté est souvent confronté à une histoire lacunaire, morcelée, parfois indicible ; c'est par le récit qu'il peut tenter de relier les fragments, de donner sens à l'absence, et de se situer dans une filiation symbolique ». Ce travail de mise en récit permet ainsi de sortir des assignations identitaires imposées pour accéder à une parole singulière, incarnée, et évolutive. Cependant, cette élaboration narrative ne peut advenir que dans un cadre contenant, au sens winnicottien du terme, c'est-à-dire un environnement suffisamment sécurisant, stable et accueillant pour permettre l'expression des ambivalences, des douleurs et des incertitudes. Les adultes – parents, éducateurs, thérapeutes – ont ici un rôle fondamental à jouer : non pas en imposant un récit normatif, mais en soutenant l'émergence d'une parole propre, en reconnaissant la complexité du vécu adoptif, et en tolérant les zones d'ombre sans les combler de manière défensive. Des dispositifs tels que le récit de vie, l'écriture autobiographique, le génogramme ou les ateliers narratifs peuvent constituer des médiations précieuses pour penser une identité narrative. Car, offrent un espace transitionnel (Winnicott, 1971) où le sujet peut expérimenter différentes versions de lui-même, explorer ses appartenances multiples, et transformer les traces du passé en ressources pour l'avenir. Comme dirait Anne-Marie Sandler (1997, p. 35), « ce n'est pas tant la vérité des faits qui soigne, mais la possibilité de les inscrire dans une trame signifiante, soutenue par un autre capable d'en accueillir la charge symbolique».

DUALITÉ ENTRE HISTOIRE BIOLOGIQUE ET HISTOIRE ADOPTIVE

L'adoption inscrit l'individu dans une double filiation : l'une, biologique, ancrée dans le corps et la lignée généalogique ; l'autre, adoptive, forgée dans les liens affectifs, éducatifs et symboliques. À l'adolescence cette dualité devient saillante. L'adopté se trouve alors confronté à la nécessité de revisiter les récits fondateurs de son existence, d'interroger les silences, les zones d'ombre ou les dissonances entre ces deux histoires. Cette mise en tension ne relève pas d'un simple dilemme biographique : elle mobilise un travail psychique profond, où se rejouent des enjeux cruciaux de filiation, de loyauté, de reconnaissance et de subjectivation. Comment, dès lors, l'adolescent adopté peut-il articuler ces deux versants de son origine sans sombrer dans le clivage ni se perdre dans l'indifférenciation ? Quels risques cette confrontation fait-elle surgir, mais aussi quelles ressources peut-elle révéler ? C'est à l'exploration de ces dynamiques que cette section se consacre.

Entre filiation biologique et filiation symbolique : une tension fondatrice

L'adoption constitue un acte fondateur qui, tout en assurant une protection sociale et affective à l'enfant, introduit une discontinuité majeure dans la chaîne généalogique biologique. En substituant à la filiation d'origine une filiation instituée, elle opère une rupture dans la transmission des lignées, des traits héréditaires, des récits familiaux et des appartenances culturelles. Cette rupture n'est pas seulement d'ordre biologique. Elle affecte également les repères symboliques qui structurent l'identité du sujet. L'enfant adopté se trouve ainsi confronté à une double appartenance, entre une origine biologique souvent méconnue, voire occultée, et une filiation adoptive qui, bien que légitime, ne s'enracine pas dans la continuité généalogique naturelle. Cette tension est d'autant plus vive lorsque l'histoire biologique est marquée par l'abandon, le secret ou la violence. L'absence d'un récit clair sur les origines, le silence entourant la naissance, ou encore la présence d'événements traumatiques dans le passé familial, viennent fragiliser le socle sur lequel le sujet peut construire une représentation cohérente de lui-même. Le manque de symbolisation de la rupture initiale peut alors engendrer un sentiment de vacuité identitaire, une difficulté à se penser comme issu d'une histoire, d'un lieu, d'un lien. L'enfant adopté peut éprouver un clivage intérieur entre ce qu'il sait, ce qu'il ignore, et ce qu'il imagine de ses origines, alimentant fantasmes, culpabilité ou idéalisation.

La filiation adoptive, quant à elle, repose sur une inscription symbolique qui, pour être opérante, nécessite un travail d'appropriation et de reconnaissance mutuelle. Elle suppose que les parents adoptifs puissent assumer leur rôle sans nier l'existence d'une histoire antérieure, et que l'enfant puisse s'identifier à cette nouvelle lignée sans renier ce qui le précède. Ce processus est complexe, car il engage un double mouvement : celui de l'intégration dans une nouvelle histoire familiale, et celui de l'élaboration d'un récit personnel capable de faire place à la discontinuité. L'adoption devient alors un espace de recomposition identitaire, où le sujet est amené à articuler les fragments de son passé avec les éléments de sa nouvelle appartenance, dans une dynamique de subjectivation qui peut être soutenue par la parole, la médiation symbolique et, parfois, l'accompagnement thérapeutique. Ainsi, loin d'être une simple substitution de parents, l'adoption engage une reconfiguration profonde des repères identitaires. Elle convoque les dimensions juridiques, affectives, symboliques et narratives de la filiation, tout en confrontant le sujet à la nécessité de penser l'écart, la perte et la reconstruction. Dans ce contexte, la reconnaissance des blessures d'origine, la mise en récit des silences, et la légitimation de la double appartenance apparaissent comme des conditions essentielles pour que l'adoption puisse devenir un lieu de subjectivation et non de fragmentation.

Médiations symboliques et reconnaissance des deux lignées : Vers une intégration narrative

L'adolescence constitue une période charnière dans le processus de subjectivation, marquée par une réactivation intense des questions de filiation, d'origine et d'identité. Pour l'adolescent adopté, cette étape revêt une complexité particulière, dans la mesure où il est porteur de deux histoires. Celle, souvent lacunaire ou douloureuse, de sa filiation biologique, et celle, construite dans le cadre de l'adoption, qui lui offre une inscription symbolique et sociale. Le défi n'est pas tant de choisir entre ces deux histoires que de parvenir à les articuler dans une narration cohérente, vivable et subjectivement investie. Cette articulation ne va pas de soi : elle suppose un travail psychique d'intégration, souvent conflictuel, qui engage la capacité du sujet à faire dialoguer des éléments parfois dissonants, voire contradictoires, de son histoire.

Le processus d'intégration narrative nécessite des médiations symboliques capables de soutenir l'élaboration d'un récit de soi qui ne soit ni clivé ni figé. La clinique narrative, en tant que dispositif thérapeutique ou éducatif, offre un cadre propice à cette mise en récit. Elle permet à l'adolescent de revisiter les fragments de son histoire, d'en explorer les zones d'ombre, les silences, les blessures, mais aussi les ressources, les liens et les continuités possibles. En mobilisant la parole, l'écriture, le jeu ou d'autres formes d'expression symbolique, la clinique narrative favorise la subjectivation de l'expérience adoptive, en transformant l'histoire subie en histoire racontée, et potentiellement appropriée.

L'intégration narrative à travers les médiations symboliques et la reconnaissance des deux lignées ne peut s'opérer sans un environnement contenant, c'est-à-dire un entourage capable de reconnaître la complexité de la situation adoptive, sans la réduire à une idéalisation ni à une pathologisation. La reconnaissance, entendue ici comme acte symbolique de validation de l'existence, du vécu et de la parole du sujet, joue un rôle fondamental. Elle permet à l'adolescent de se sentir légitime dans sa quête identitaire, autorisé à interroger ses origines sans trahir ses appartenances, et soutenu dans son effort de construction d'un récit singulier. Ainsi, l'articulation des deux histoires ne relève pas d'une simple juxtaposition, mais d'un travail de tissage, où les fils de la filiation biologique et ceux de la filiation adoptive peuvent s'entrelacer dans une trame narrative qui donne sens, continuité et consistance à l'existence du sujet.

À travers ce chapitre, il se dégage que l'adolescence adoptive révèle avec une intensité particulière les tensions constitutives de l'identité en devenir, de la mémoire en quête de sens, et de l'appartenance en négociation entre héritage subi et filiation choisie. À cette étape du développement, le sujet est confronté à la nécessité de se réapproprier son histoire, d'en recomposer les fragments, et d'en assumer la singularité. Pour l'adolescent adopté, cette tâche se complexifie du fait de l'existence d'une rupture originaire, souvent marquée par l'abandon, le secret ou la discontinuité narrative. Loin de réduire l'adoption à une simple modalité alternative de filiation, il convient de la penser comme un espace psychique et symbolique où se rejouent des enjeux profonds de perte, de réparation et de reconnaissance. C'est à cet effet que ce chapitre a mis en lumière le travail psychique complexe que l'adolescent adopté est amené à engager. En effet, il s'agit d'une élaboration psychique où se croisent les blessures de l'abandon, les fantasmes de réparation, les projections croisées des figures parentales, et les effets de la transmission psychique implicite. Aussi, traverser les zones de silence, affronter les impensés, déconstruire les récits figés pour en faire émerger une narration vivante ; telle est la tâche à laquelle l'adolescent adopté est convoqué. Ce processus de mise en récit, s'il est soutenu par un environnement familial et institutionnel suffisamment contenant, permet au sujet de relier les ruptures et les appartenances, de transformer la douleur en mémoire, et la mémoire en puissance d'agir. C'est dans cette capacité à transformer le roman familial défensif en récit évolutif, ouvert à la complexité et à l'altérité, que réside la puissance émancipatrice de l'adoption.

Chapitre 4

APPROCHE QUALITATIVE ET DISPOSITIF D'ENTRETIEN

L'approche qualitative constitue un choix méthodologique fondamental dans la pratique clinique. Elle permet de placer l'humain au cœur du dispositif de recherche, non comme objet d'étude, mais comme sujet porteur de sens. Cette posture implique une relation de co-construction du savoir, dans laquelle le chercheur n'impose pas une grille de lecture extérieure, mais s'engage dans un dialogue avec l'adolescent pour comprendre, avec lui, ce qu'il vit, ce qu'il ressent, et comment il donne sens à son histoire. Dans le contexte de l'adoption, cette démarche prend une dimension particulière. Les adolescents adoptés portent en eux des récits souvent fragmentés, marqués par des ruptures, des silences, et des zones d'ombre. Leurs voix, parfois étouffées ou inaudibles dans les discours sociaux et familiaux, peinent à se faire entendre. Leurs regards, souvent fuyants ou absents, témoignent de blessures profondes, de fragilités psychiques liées à l'abandon, à la perte, ou à l'incertitude identitaire. L'approche qualitative vise précisément à accueillir ces expressions singulières, à leur offrir un espace d'élaboration, et à en dégager les significations latentes. Dans cette perspective, l'entretien clinique constitue le dispositif central de recueil de la parole. Il constitue dans la pratique un espace d'écoute bienveillante, non directif mais contenant, où l'adolescent peut déposer son vécu, ses émotions, ses doutes et ses questions. L'entretien clinique permet donc ici de recueillir des récits de vie, des fragments de mémoire, des images intérieures, mais aussi des silences et des hésitations, qui sont autant d'indices de la complexité du processus de subjectivation en contexte adoptif.

L'entretien clinique apparaît comme un outil essentiel pour recueillir la parole des adolescents adoptés. Il permet d'entrer dans leur monde intérieur, d'écouter leurs récits, leurs silences, leurs hésitations. À travers cette parole, souvent difficile à formuler, se révèlent des éléments profonds de leur vécu, liés à l'histoire de l'abandon, à la filiation interrompue, et aux liens complexes avec les familles d'origine et adoptive. L'analyse des entretiens s'attache à repérer deux types de récits : les mythes unificateurs et les mythes séparateurs. Les mythes unificateurs permettent à l'adolescent de créer une continuité symbolique entre son passé et son présent. Ils l'aident à intégrer les différentes dimensions de son histoire, à se sentir appartenir à une lignée, même recomposée. Ce qui permet de voir dans ce registre le mythe de la double appartenance, le mythe du sauvetage bienveillant et le mythe de la filiation choisie. À l'inverse, les mythes séparateurs traduisent des ruptures, des conflits de loyauté, ou des clivages identitaires. Ils expriment une difficulté à relier les origines biologiques et l'histoire adoptive, et peuvent engendrer des souffrances psychiques importantes. Dans cette catégorie, apparaissent le mythe de l'abandon fondateur, le mythe du parent inconnu et le mythe de la substitution.

En parallèle, l'analyse explore les cicatrices aux signifiants. Ces cicatrices sont des marques laissées par des événements ou des absences qui n'ont pas pu être symbolisés. Elles apparaissent dans les récits sous forme de silences, de mots manquants, de confusions ou de répétitions. Elles témoignent d'une transmission psychique souvent invisible, mais active, qui traverse les générations et influence le vécu subjectif de l'adolescent. Pour interpréter ces récits, l'approche mobilise les outils de la psychanalyse et de la psychogénéalogie. Ces disciplines permettent de lire les paroles adolescentes comme des lieux de résonance des mémoires transgénérationnelles. L'adoption, dans cette perspective, ne se limite pas à un changement de statut social ou familial. Elle constitue un événement psychique majeur, qui engage des enjeux de filiation, de reconnaissance, de dette symbolique et de transmission. Donner la parole aux adolescents adoptés, c'est leur permettre de se réapproprier leur histoire, de mettre en mots ce qui a été tu, et de construire un récit qui fasse lien entre les différentes strates de leur existence. C'est aussi reconnaître que leur subjectivité se construit à l'intersection de plusieurs héritages et que l'écoute de leurs voix et de leurs regards est essentielle pour comprendre les dynamiques profondes de la transmission psychique à l'œuvre dans les parcours adoptifs.

ENJEUX ANALYTIQUE ET COMPREHENSIVE DE L'APPROCHE QUALITATIVE

L'approche qualitative permet d'entrer dans la complexité des vécus adolescents en contexte adoptif. Elle ne cherche pas à mesurer ou à généraliser, mais à comprendre en profondeur ce que chaque adolescent vit, ressent et exprime. Cette démarche repose sur l'écoute, l'attention aux détails, et la reconnaissance de la singularité de chaque parcours. Sur le plan analytique, l'approche qualitative offre des outils pour explorer les récits, les silences, les contradictions et les émotions. Elle permet de repérer les formes symboliques par lesquelles les adolescents tentent de donner sens à leur histoire. À travers l'analyse des discours, des gestes, des regards et des hésitations, le chercheur peut identifier des éléments clés de la transmission psychique comme les mythes familiaux, les loyautés invisibles, les secrets, les répétitions, et les cicatrices aux signifiants. Dans la pratique, la lecture analytique ne se limite pas à une description des faits. Aussi cherche-t-elle à comprendre comment les adolescents construisent leur identité, comment ils se situent dans leur filiation, et comment ils vivent les effets de l'adoption sur leur subjectivité. Ce qui permet de mettre en lumière les tensions internes, les conflits de loyauté, les clivages identitaires, mais aussi les tentatives de réconciliation et de symbolisation.

Sur le plan compréhensif, l'approche qualitative implique une posture d'accueil et de respect. Elle reconnaît que chaque adolescent est porteur d'un savoir sur lui-même, et que ce savoir ne peut émerger que dans un cadre sécurisant, bienveillant et non jugeant. Dans cette perspective, le praticien devient un partenaire d'écoute, qui accompagne le sujet dans l'élaboration de son récit, sans imposer de lecture extérieure. La posture compréhensive est donc essentielle pour donner la parole aux adolescents adoptés. Car, elle permet de créer un espace où ils peuvent dire ce qui a été tu, penser ce qui a été confus, et relier les fragments de leur histoire. De plus, elle favorise l'émergence d'une parole authentique, capable de faire lien entre les différentes strates de leur existence. En mobilisant les outils de la psychanalyse et de la psychogénéalogie, l'approche qualitative devient un levier pour interpréter les récits adolescents comme des lieux de résonance des mémoires transgénérationnelles. Ce qui permet de comprendre comment l'adoption, en tant qu'événement psychique, convoque des enjeux de filiation, de reconnaissance et de transmission, et comment ces enjeux s'inscrivent dans le vécu subjectif de chaque adolescent. Du point de vue comparatif, les enjeux analytiques et compréhensifs suggèrent plusieurs points de divergences que l'on peut récapituler dans le tableau ci-joint.

Tableau 2 : Posture analytique et posture compréhensive en approche qualitative

Dimension	Posture analytique	Posture comprehensive
Finalité	Identifier les structures latentes du récit, les traces de transmission psychique	Comprendre le sens vécu et subjectif de l'expérience adoptive
Position du chercheur	Interprète des signifiants, lecteur des dynamiques inconscientes	Partenaire d'écoute, facilitateur de l'expression du sujet
Type de savoir produit	Savoir interprétatif, symbolique, ancré dans les théories cliniques	Savoir situé, co-construit avec le sujet, ancré dans son vécu
Outils mobilisés	Psychanalyse, psychogénéalogie, analyse narrative, repérage des mythes et cicatrices	Entretien clinique, écoute active, attention aux affects et au rythme du récit
Rapport au récit	Analyse des structures, des répétitions, des silences, des ruptures	Accueil de la parole dans sa forme brute, reconnaissance de la subjectivité du récit
Effets attendus	Mise en lumière des transmissions inconscientes, des conflits de filiation	Soulagement, reconnaissance, élaboration d'un récit de soi plus cohérent
Risques	Surinterprétation, projection théorique, effacement de la voix du sujet	Fusion affective, difficulté à poser un cadre d'analyse rigoureux
Complémentarité	Permet de décoder les enjeux symboliques du récit	Permet de respecter le rythme et la sensibilité du sujet

L'articulation entre la posture analytique et la posture compréhensive est essentielle pour donner toute sa place à la parole de l'adolescent adopté, sans la réduire à un simple témoignage ni la surcharger d'interprétations. Ce qui permet de conjuguer écoute empathique et lecture clinique, dans une visée à la fois compréhensive, éthique et transformative. C'est d'ailleurs ce qui peut clairement se dégager à la lecture des entretiens avec Yvan et Amina.

Entretien avec Yann, 16 ans, adolescent adopté à l'âge de 4 ans

Contexte

Yann a été adopté à l'âge de 4 ans après avoir été placé en institution suite à un abandon précoce. Il vit aujourd'hui dans une famille adoptive à Yaoundé. Il consulte dans un cadre de suivi psychologique proposé par un centre d'écoute pour adolescents.

Déroulement de l'entretien

Lors de l'entretien, Yann parle peu. Il regarde souvent le sol, répond par des phrases courtes. À un moment, il dit :

> « je ne sais pas pourquoi je suis là. Je vais bien. Mais parfois, j'ai l'impression que je ne suis pas vraiment d'ici. »

Posture compréhensive

Le clinicien accueille cette parole sans la forcer. Il reformule doucement :

> « tu dis que tu vas bien, mais qu'il y a quelque chose qui te fait sentir à   part…   »
> Cette reformulation vise à valider le ressenti de Yann, à lui montrer qu'il est entendu, sans interpréter trop vite. Le clinicien respecte son rythme, laisse des silences, et crée un espace où Yann peut se sentir en sécurité pour approfondir.

Posture analytique

Dans un second temps, le clinicien repère dans les propos de Yann un mythe séparateur : l'idée de ne pas être « d'ici » renvoie à une difficulté à s'inscrire dans sa famille adoptive et à intégrer son histoire d'origine. Ce sentiment d'étrangeté peut être lu comme l'écho d'une transmission psychique silencieuse, marquée par un abandon non symbolisé. Le clinicien note également une cicatrice aux signifiants : l'absence de mots pour parler de ses parents biologiques, remplacée par un flou identitaire.

Interprétation croisée

En croisant la posture analytique et la posture compréhensive, le clinicien peut à la fois accompagner Yann dans l'élaboration de son récit (posture compréhensive) et proposer, dans un second temps, une lecture symbolique de ses silences et de ses ressentis (posture analytique). Ce qui permet d'ouvrir un espace de pensée autour de la filiation, du sentiment d'appartenance, et des traces inconscientes de l'histoire familiale.

Entretien avec Amina, 15 ans, adolescente adoptée à l'âge de 6 ans

Contexte

Amina a été adoptée à l'âge de 6 ans après avoir vécu dans une famille d'accueil informelle suite au décès de sa mère biologique. Elle vit aujourd'hui dans une famille adoptive stable à Yaoundé. Elle consulte dans le cadre d'un accompagnement psychologique proposé par son établissement scolaire, en raison de troubles du comportement et d'un repli relationnel.

Déroulement de l'entretien

Lors de l'entretien, Amina s'exprime avec une certaine distance. Elle parle d'elle à la troisième personne, comme si elle racontait l'histoire de quelqu'un d'autre. À un moment, elle dit :

> « elle, elle a été laissée parce qu'elle n'était pas assez bien. Mais maintenant, elle fait comme si tout allait bien ».

Posture compréhensive

Le clinicien accueille cette parole sans chercher à corriger la forme. Il respecte le choix d'Amina de parler d'elle-même à la troisième personne, ce qui semble lui permettre de mettre à distance une douleur encore vive. Il lui répond :

> « Tu parles d'elle... Peut-être que c'est plus facile comme ça. On peut continuer comme tu veux ».

> Cette réponse vise à sécuriser l'espace de parole, à valider la stratégie défensive d'Amina, et à l'encourager à poursuivre sans se sentir jugée.

Posture analytique

Le clinicien repère ici un mythe séparateur : l'idée d'avoir été « laissée parce qu'elle n'était pas assez bien » renvoie à une représentation intériorisée de l'abandon comme rejet personnel. Ce mythe alimente un sentiment de dévalorisation et de honte. Le recours à la troisième personne peut être interprété comme une défense contre l'angoisse d'effondrement, mais aussi comme une cicatrice aux signifiants : Amina semble avoir du mal à se reconnaître comme sujet de son propre récit. Ce clivage identitaire peut être lu comme une trace de la transmission psychique d'un deuil non élaboré ou d'un secret familial.

Interprétation croisée

En articulant ces deux postures, le clinicien peut accompagner Amina dans un processus de subjectivation. La posture compréhensive permet de maintenir un lien de confiance et de favoriser l'expression de son vécu. La posture analytique, quant à elle, permet de repérer les enjeux inconscients liés à la filiation, à la honte, et à la place laissée vacante par la mère biologique. Progressivement, Amina pourra peut-être passer du « elle » au « je », en se réappropriant son histoire et en construisant un récit plus unifié.

Sens du dispositif d'entretien dans l'exploration du vécu

Le dispositif d'entretien clinique occupe une place centrale dans l'exploration du vécu d'un individu. Il constitue bien plus qu'un outil de recueil d'informations. En effet, il s'agit d'un espace de rencontre intersubjective, où le clinicien et l'adolescent co-construisent un sens à partir de la parole, des silences et des affects mobilisés. Dans cette perspective, l'entretien devient un lieu d'émergence de la subjectivité, où l'adolescent se dit, se cherche, et parfois se découvre. Dans la pratique, l'objectif de ce dispositif est de favoriser une parole authentique, c'est-à-dire une parole qui ne soit pas dictée par les attentes extérieures, mais qui émerge du vécu intime du sujet. Pour cela, l'entretien repose sur une posture d'écoute active, bienveillante et non jugeante. Car, le praticien accueille ce qui est dit, mais aussi ce qui ne peut pas encore se dire. Il respecte surtout le rythme propre à chaque adolescent, reconnaît la valeur des silences, et soutient les tentatives de mise en mots, même lorsqu'elles sont incomplètes, floues ou hésitantes.

Face à l'adolescent en situation d'adoption, comme celui d'Yvan, le dispositif d'entretien prend une dimension particulière. L'entretien apparaît comme un lieu de résonance des mémoires transgénérationnelles. Il permet à l'adolescent de faire émerger des éléments de son histoire qui, bien que souvent non verbalisés dans sa famille, continuent d'agir en lui. Les éléments dont il s'agit peuvent prendre la forme de récits marqués par des ruptures, des absences, des secrets ou des conflits de loyauté. Ce qui traduit les effets de la transmission psychique, c'est-à-dire le passage inconscient de vécus, de traumatismes ou de non-dits d'une génération à l'autre. Dans ce processus, le rôle du clinicien est d'offrir une présence contenante, c'est-à-dire une posture stable, sécurisante et empathique, qui permette à l'adolescent de déposer ce qu'il porte. Par son écoute symbolisante, le clinicien aide le sujet à mettre en forme ce qui était jusque-là informe, à nommer ce qui était tu, et à relier les fragments de son histoire. L'entretien devient ainsi un espace de subjectivation, où l'adolescent peut commencer à se penser comme auteur de son récit, et non seulement comme héritier d'un passé subi. Le dispositif d'entretien clinique ne vise donc pas seulement à produire un savoir sur l'adolescent, mais aussi à ouvrir un espace de transformation, où la parole devient un outil de reconnaissance, de réparation et de construction de soi.

Dans le cadre d'une approche qualitative centrée sur l'écoute, l'entretien clinique constitue à la fois un dispositif souple et rigoureusement structuré, qui permet de recueillir la parole dans toute sa complexité. Il ne s'agit pas d'un simple échange d'informations, mais d'un espace relationnel où le sujet peut progressivement élaborer un récit de soi. Ce cadre, à la fois contenant et ouvert, favorise l'émergence de contenus latents, souvent enfouis ou tus, liés à l'histoire adoptive et aux transmissions psychiques intergénérationnelles. Partant de l'entretien avec Amina, il se dégage que l'un des apports majeurs du dispositif d'entretien clinique réside dans sa capacité à faire apparaître des éléments implicites, tels que les mythes familiaux et les cicatrices aux signifiants. Un ensemble d'éléments qui n'est pas toujours exprimé de manière explicite par du sujet en situation d'adoption, mais se manifeste dans sa manière de parler de lui-même, de ses origines, de ses figures parentales. Dans ce fonctionnement, les mythes unificateurs traduisent une tentative d'articuler les différentes dimensions de l'histoire personnelle, tandis que les mythes séparateurs révèlent des clivages, des conflits de loyauté ou des ruptures symboliques. Quant aux cicatrices aux signifiants, elles se repèrent dans les silences, les hésitations, les mots manquants ou surinvestis, témoignant d'une difficulté à symboliser certains pans de l'expérience.

En consultation clinique d'adolescent en situation d'adoption, les manifestations discursives traduisent des tensions entre ce qui est su et ce qui est tu, entre ce qui a été transmis consciemment et ce qui reste indicible, voire inconscient. L'entretien clinique apparaît alors comme un lieu de résonance, où les tensions peuvent être accueillies, mises en forme, et progressivement élaborées. Ce qui permet d'ouvrir un espace de pensée autour de ce qui a été vécu sans avoir pu être dit, et de ce qui a été transmis sans avoir été nommé. En ce sens, le dispositif d'entretien dépasse sa fonction méthodologique. Il devient un espace transitionnel au sens winnicottien, c'est-à-dire un lieu intermédiaire entre le monde intérieur du sujet et la réalité extérieure, où peuvent se rejouer, se transformer et se symboliser des expériences précoces. Il constitue également un lieu de subjectivation, où l'adolescent peut commencer à se penser comme auteur de son histoire, et non seulement comme héritier d'un passé subi ou imposé.

L'entretien clinique et la mise en mot des voix silencieuses

L'entretien clinique est un cadre relationnel qui repose sur l'écoute, l'accueil de la parole et la reconnaissance de chaque sujet dans sa singularité. Il ne s'agit pas seulement d'un dialogue, mais d'un espace transitionnel où peuvent apparaître des fragments de vécu, des émotions confuses ou des pensées encore incomplètes. Pour les adolescents adoptés, cet espace prend une signification particulière. Leur parcours est souvent marqué par des silences, des ruptures dans le récit de leur vie, et des zones d'ombre liées à leur histoire. L'adoption représente une rupture dans la filiation biologique et symbolique. Cette rupture peut s'accompagner de non-dits, de secrets de famille ou d'informations incomplètes sur les origines. L'adolescent adopté doit alors relever un double défi : construire son identité tout en intégrant une histoire dont certaines parties lui échappent. Ce travail psychique est difficile, car les silences transmis par les adultes peuvent contenir des émotions fortes comme la culpabilité, la honte ou la douleur.

Face à l'adolescent en situation d'adoption, l'entretien clinique apparaît comme un processus à travers lequel ce qui n'a pas pu être dit peut commencer à se formuler. L'adolescent peut y exprimer ce qu'il ressent, même de manière floue ou hésitante. Le clinicien, grâce à son écoute active et à sa posture sécurisante, soutient ce processus de mise en mots. Il accueille les paroles, mais aussi les silences, les hésitations, les lapsus ou les récits décousus, qui sont les signes d'un travail psychique en cours. Soulignons que ce qui ne peut pas encore être dit n'est pas absent pour autant. Il se manifeste dans le corps, dans les comportements ou dans les relations. L'entretien clinique permet de faire émerger ces contenus latents, en leur offrant un cadre stable et une adresse. Pour l'adolescent adopté, cet espace devient un lieu de subjectivation. Il peut y reprendre possession de son histoire, même si elle est incomplète ou douloureuse. En mettant en mots ce qui était resté silencieux, il commence à construire un récit plus cohérent, à donner du sens à son vécu, et à se reconnaître comme sujet de son propre parcours.

Dans tout dispositif clinique, le clinicien n'est pas un simple auditeur. Il est un partenaire de pensée, engagé dans le processus de mise en mots d'une expérience souvent morcelée ou difficile. Son écoute est active : il prête attention à ce qui est dit, mais aussi à ce qui reste tu. Les silences, les oublis, les contradictions ou les répétitions sont des indices précieux. Ils ne traduisent pas un vide, mais révèlent ce que le sujet ne peut pas encore penser ou dire. Chez l'adolescent adopté, ces signes peuvent renvoyer à des souffrances liées à des pertes précoces, à des secrets autour de la filiation ou à des transmissions inconscientes. En effet, le clinicien accueille ces manifestations sans les forcer, en respectant le rythme de l'adolescent. Par des relances, des questions ouvertes ou des reformulations, il soutient l'élaboration psychique. La reformulation joue un rôle de miroir : elle renvoie au sujet une version plus claire ou plus tolérable de sa propre parole. Ce qui l'aide à prendre du recul sur ses émotions, à les penser et à les symboliser. De plus, la présence du clinicien est aussi essentielle. Elle repose sur une attitude d'accueil inconditionnel, de non-jugement et de stabilité. Cette sécurité relationnelle est indispensable, surtout dans le contexte de l'adoption, où les expériences d'abandon ou de rejet peuvent ressurgir. Grâce à cette confiance, l'adolescent peut déposer ce qui le déborde, sans peur d'être rejeté.

Le travail de mise en mots est clairement un acte de subjectivation. En effet, en racontant son histoire, même avec ses manques et ses ruptures, l'adolescent se réapproprie son vécu. Il ne subit plus une histoire floue ou imposée : il devient acteur de son récit. Cette appropriation symbolique lui permet de se reconnaître comme un sujet singulier, avec un passé, mais aussi avec la capacité de se projeter dans l'avenir. Il n'est pas sans importance de faire observer que l'adoption, en tant que forme de filiation différente, introduit une coupure dans la continuité des générations. Cette coupure peut s'accompagner de silences, parfois imposés, parfois hérités de manière inconsciente par les figures parentales. Ces silences ne sont pas neutres. Ils peuvent porter des émotions fortes, des conflits ou des traumatismes. Ils s'expriment parfois dans le corps, dans les comportements ou dans des formes indirectes comme les troubles du lien, les conduites à risque ou les difficultés identitaires. L'entretien clinique permettra de faire émerger ces voix silencieuses. À cet effet, il aide à comprendre les transmissions psychiques entre les générations. En rendant ces dynamiques visibles et pensables, il facilite une appropriation plus sereine de l'histoire personnelle. Aussi soutient-il la construction d'une identité plus stable, capable d'intégrer les différentes dimensions de l'expérience dans un récit cohérent.

L'entretien clinique et les regards en action

L'entretien clinique constitue un espace privilégié pour l'adolescent adopté. Il lui permet d'exprimer ses émotions, ses souvenirs, ses interrogations, mais aussi ses silences. Ce cadre offre une possibilité de mise en mots de son vécu, souvent complexe et traversé par des ruptures, des pertes et des incertitudes identitaires. Dans la pratique, l'entretien ne se limite pas à la parole. Il est aussi et surtout un lieu de regards. Si ces regards ne sont pas seulement visuels, ils sont aussi symboliques, affectifs et porteurs de significations inconscientes. Le clinicien regarde l'adolescent, mais il est aussi regardé par lui. Ce double regard crée une dynamique relationnelle particulière. Il mobilise des mouvements psychiques profonds, faits d'attentes, de peurs, de désirs et de représentations. Pour l'adolescent adopté, le regard de l'autre peut réactiver des blessures anciennes. Il peut rappeler le regard perdu de la mère biologique, le regard parfois idéalisé ou redouté des parents adoptifs, ou encore le regard social porté sur l'adoption. Aussi peuvent-ils être vécus comme des jugements, des attentes implicites ou des signes de rejet. Ce qui est de nature à raviver des sentiments d'abandon, de honte ou de non-appartenance.

Dans l'exploration du vécu de l'adolescent en situation d'adoption n'est pas seulement d'observer ou d'interpréter. Il s'agit surtout de soutenir un regard bienveillant, contenant et non jugeant. Le regard clinique, lorsqu'il est empreint de respect et de sensibilité, peut devenir un appui symbolique pour l'adolescent. Il peut fonctionner comme un miroir symbolique, dans lequel le jeune peut se reconnaître autrement. Ce regard soutenant aide l'adolescent à se penser comme sujet. Il l'invite à se réapproprier son histoire, à donner du sens à son parcours, et à construire une image de soi plus cohérente. De là, l'entretien clinique devient un espace de subjectivation, où le regard du clinicien participe activement à la reconstruction identitaire de l'adolescent adopté.

Dans le cadre de l'adoption, la transmission psychique inconsciente occupe une place centrale. En effet, l'adolescent adopté porte en lui des éléments de l'histoire de sa famille d'origine, même lorsque ceux-ci n'ont pas été explicitement transmis. Ces éléments peuvent être marqués par des traumatismes, des secrets ou des non-dits. Ils s'inscrivent dans le psychisme sous forme de traces, parfois énigmatiques, qui ressurgissent dans la relation clinique. Ces traces inconscientes se manifestent souvent de manière indirecte. Elles peuvent apparaître à travers des silences prolongés, des lapsus, des contradictions, ou des émotions intenses. L'adolescent peut ne pas avoir les mots pour dire ce qu'il ressent, mais son corps, son ton, son regard ou ses hésitations parlent pour lui. L'entretien clinique devient alors un espace où ces manifestations peuvent être accueillies, reconnues et progressivement mises en sens.

Le regard du clinicien joue ici un rôle fondamental. Lorsqu'il est attentif, bienveillant et non intrusif, il peut soutenir un processus de symbolisation. Ce regard permet de rendre visible ce qui, jusque-là, était resté dans l'ombre. Il offre à l'adolescent un appui pour commencer à dire ce qui était indicible, à penser ce qui était impensé. Le regard devient ainsi un outil thérapeutique, un médiateur entre l'expérience vécue et sa mise en mots. Dans ces conditions, l'entretien clinique ne se réduit pas à un simple échange verbal. Il devient un espace de transformation psychique. Les regards échangés entre le clinicien et l'adolescent sont porteurs de reconnaissance. Ils permettent à l'adolescent de se sentir vu, reconnu dans sa singularité, au-delà de son statut d'adopté. Ce regard soutenant peut ouvrir la voie à une parole nouvelle, plus libre, plus authentique. Être regardé autrement, dans un cadre contenant et sécurisant, aide l'adolescent à se penser comme sujet. Il peut alors se réapproprier son histoire, non plus comme une suite d'événements subis, mais comme un récit qu'il peut s'approprier, transformer et habiter. Le regard du clinicien, dans cette perspective, participe à un processus de subjectivation et de réparation. Il contribue à restaurer une continuité psychique là où il y avait des ruptures, et à inscrire l'adolescent dans une filiation symbolique qui dépasse les blessures du passé.

À travers le présent chapitre, il y a lieu de retenir que l'approche qualitative appliquée au dispositif d'entretien permet d'accéder à la complexité des expériences humaines, en particulier dans les contextes sensibles tels que l'adoption, la parentalité ou les parcours de vie marqués par des ruptures. Elle valorise la parole singulière du sujet, en lui offrant un espace d'expression respectueux, ouvert et non directif. Ici, l'entretien est un outil de co-construction du sens, où le professionnel de soins adopte une posture d'écoute active, de relance bienveillante et de mise en lien. La démarche ici ne vise pas à produire des vérités générales, mais à comprendre les logiques subjectives, les représentations, les affects et les dynamiques relationnelles à l'œuvre. Elle suppose une attention constante aux conditions de l'échange, à la qualité du lien, et à la manière dont les récits se construisent dans l'interaction. Le dispositif d'entretien, lorsqu'il est pensé comme un espace de reconnaissance et de symbolisation, peut ainsi devenir un levier thérapeutique ou un outil de recherche puissant, au service de la compréhension fine des processus psychiques et relationnels. L'approche qualitative invite donc à une éthique de la rencontre, fondée sur le respect de l'altérité, la réflexivité du praticien, et la reconnaissance de la valeur des récits de vie. D'ailleurs, elle ouvre la voie à des pratiques cliniques et éducatives plus ajustées, plus humaines, et plus attentives à la singularité de chaque parcours.

Chapitre 5

LANGAGES DU LIEN : VOIX, REGARDS ET FILIATION ADOPTIVE

L'adoption ne se réduit pas à une simple réécriture biographique. Elle engage une dynamique complexe, où s'entrelacent des enjeux de filiation, de loyauté et de transmission. Cette dynamique est souvent traversée par des zones de silence, des non-dits, des secrets de famille, voire des traumatismes transgénérationnels. Ces éléments, bien que parfois invisibles, pèsent lourdement sur la construction psychique de l'enfant adopté. Ils influencent la manière dont il peut se représenter, se raconter et s'inscrire dans une histoire. Dans ce contexte, la question du récit de soi devient centrale. Comment se dire lorsque les mots manquent, lorsque les origines sont floues, absentes ou douloureuses ? Comment parler de soi quand les adultes, par pudeur, par peur ou par souffrance, gardent le silence sur certaines parts de l'histoire ? Le récit de soi se trouve alors entravé, morcelé, parfois figé. L'enfant peut éprouver des difficultés à se représenter comme un sujet unifié, à penser une continuité entre ce qu'il a vécu, ce qu'il vit, et ce qu'il pourrait devenir. Se construire, ou se reconstruire, dans un tel contexte suppose un travail d'élaboration soutenu. Il s'agit de pouvoir mettre en mots les ruptures, les absences, les incertitudes, sans que celles-ci ne soient vécues comme des menaces pour le lien adoptif. Ce qui implique de reconnaître que l'histoire personnelle de l'enfant est faite de strates, de manques, de fragments parfois douloureux, mais aussi de ressources, de rencontres et de possibles. Ces différentes réalités psychoaffectives se trouvent déployées à travers les différents cas que nous présentons dans ce chapitre.

Aïda et la voix d'une cicatrice psychique

> *« Je m'appelle Aïda, j'ai quinze ans. J'ai été adoptée quand j'étais petite. On me dit souvent que j'ai eu de la chance. C'est vrai, ma famille m'aime, je ne manque de rien. Mais parfois, je me sens vide. Comme si quelque chose me manquait, sans que je sache quoi.*

Il y a des jours où je me regarde dans le miroir et je me demande :
"À qui je ressemble vraiment ?" J'ai l'impression d'avoir deux
histoires : celle qu'on m'a racontée, et celle que je ne connais pas.

Quand j'étais plus jeune, je ne posais pas de questions. Maintenant,
j'en ai plein. Pourquoi ai-je été abandonnée ? Est-ce que ma mère
pensait à moi ? Est-ce qu'elle m'aimait ?

Je n'ose pas toujours en parler. J'ai peur de blesser mes parents
adoptifs. Alors je garde tout en moi. Mais parfois, ça déborde. Je
pleure sans raison. Je me mets en colère. Je me sens coupable.

Je crois que j'ai une blessure à l'intérieur. Elle ne saigne pas, mais
elle fait mal. Et j'aimerais qu'on m'aide à lui donner un nom. »

À quinze ans, Aïda vit dans une famille adoptive depuis l'âge de trois
ans. Elle est scolarisée, a des amis, et semble bien intégrée dans son
environnement. En apparence, tout va bien. Pourtant, derrière son sourire, une
souffrance silencieuse persiste. Il s'agit d'une blessure invisible, que l'on peut
appeler une cicatrice psychique. Elle ne se voit pas sur son corps, mais elle agit
à l'intérieur d'elle. Elle se manifeste sous forme de pensées, de doutes, de
silences. Elle interroge son identité et son histoire.

Aïda ne garde que peu de souvenirs de sa mère biologique. Elle connaît
son prénom, quelques éléments transmis par les adultes, mais cela reste flou.
Malgré cette absence de souvenirs précis, la séparation initiale est toujours
présente. Elle habite son imaginaire, ses émotions, ses rêves. Elle surgit parfois
dans des moments de colère ou de tristesse, sans cause apparente. Aïda dit : «
je me sens comme un livre dont il manque les premières pages ». Cette
métaphore traduit une expérience fréquente chez les adolescents adoptés : celle
d'une histoire personnelle incomplète, marquée par une rupture précoce.

Souvent survenue avant que l'enfant ait acquis le langage, la rupture
laisse une trace durable. Elle constitue une fracture dans la continuité du travail
de filiation. Même si l'enfant est accueilli dans une famille aimante, cette
blessure initiale ne disparaît pas. Elle évolue avec le temps, elle se transforme
à l'adolescence, mais elle reste inscrite dans la mémoire affective. Chez Aïda,
cette cicatrice prend la forme d'une voix intérieure. Ce n'est pas une

hallucination, mais une perception intime, difficile à nommer. Parfois, cette voix lui murmure qu'elle n'est pas vraiment à sa place. D'autres fois, elle lui fait croire qu'elle doit mériter l'amour qu'on lui donne. Ces pensées ne viennent pas de sa famille adoptive, qui l'entoure de bienveillance. Elles viennent de l'intérieur, de cette part d'elle qui cherche encore à comprendre ce qu'elle a vécu.

À l'adolescence, la cicatrice psychique apparaît comme un lieu de questionnement. Elle pousse le sujet à interroger ses origines, à chercher des repères, à formuler des hypothèses sur ce qui a précédé son adoption. Le travail psychique dont il s'agit ici peut être à la fois douloureux et structurant. Car, il permet au jeune de se positionner comme sujet de son histoire, même si cette histoire comporte des zones d'ombre. Dans ce sens, la souffrance n'est pas un caprice. Elle est le signe d'un travail intérieur profond. En parlant, en écrivant, en dessinant, Aïda peut transformer sa blessure en force. Lorsque l'adolescent se sent reconnu dans sa singularité, lorsqu'il peut exprimer ses doutes sans crainte de blesser ses proches, sa parole se libère. La voix intérieure qui portait la souffrance peut alors se transformer. Elle devient porteuse de sens, source de créativité, moteur de subjectivation. En d'autres termes, ce qui était blessure peut devenir ressource.

Brice et le crie des origines

« *Je m'appelle Brice. J'ai seize ans. Je vis dans une famille qui m'a élevé avec amour, respect et discipline. Je les appelle "mes parents" parce qu'ils m'ont tout donné. Mais parfois, dans mon cœur, il y a une voix qui me parle. Elle me demande : "Et tes vrais parents ? Où sont-ils ? Pourquoi t'ont-ils laissé ?"*

Je n'ai jamais osé poser ces questions à haute voix. Chez nous, on ne parle pas de ça. On dit que c'est Dieu qui décide, que l'enfant appartient à la communauté. Mais moi, je sens que j'ai besoin de savoir. Pas pour accuser, pas pour rejeter. Juste pour comprendre.

Quand je vois mes cousins parler de leur grand-mère, de leur village d'origine, de leur totem, je me tais. Je ne sais pas quoi dire. Je ne sais pas d'où je viens. Je ne connais pas mon clan. Je ne connais pas mon histoire. Et ça me fait mal.

Une fois, j'ai demandé à ma tante si elle connaissait ma mère biologique. Elle a changé de sujet. Elle m'a dit : "Tu es ici maintenant, c'est ça qui compte." Mais pour moi, ce n'est pas suffisant. J'ai besoin de relier les deux bouts de ma vie.

Parfois, je rêve que je marche dans un marché, et qu'une femme me regarde avec des yeux tristes. Elle ne dit rien, mais je sens qu'elle me connaît. Je me réveille avec le cœur lourd. Est-ce qu'elle pense à moi ? Est-ce qu'elle m'a oublié ?

Je ne veux pas blesser mes parents adoptifs. Je les aime. Mais j'ai aussi besoin qu'on m'autorise à chercher. À poser des questions. À dire que j'ai mal. Parce que ce silence me fait sentir coupable. Comme si je trahissais ceux qui m'ont élevé.

Aujourd'hui, je commence à écrire ce que je ressens. Je mets des mots sur ce cri intérieur. Je ne sais pas encore où cela me mènera. Mais je sens que c'est important. Peut-être qu'un jour, je pourrai raconter mon histoire sans honte. Peut-être qu'un jour, je pourrai dire : "Je suis Brice, fils de deux histoires, et je les honore toutes les deux" ».

À seize ans, Brice vit dans une périphérie populaire de Yaoundé, au sein d'une famille adoptive qui l'a accueilli dès sa petite enfance. Il est un adolescent discret, respectueux des normes sociales et familiales. Il participe aux tâches domestiques, s'exprime avec retenue devant les aînés, et s'efforce de répondre aux attentes de son entourage. En surface, tout semble harmonieux. Mais derrière cette conformité apparente, une question intime le traverse : « D'où est-ce que je viens vraiment ? » Cette interrogation, Brice ne la formule pas toujours à voix haute. Elle habite ses silences, ses rêveries, ses colères inexpliquées. Elle surgit dans les moments de solitude, ou lorsqu'il observe les liens de filiation autour de lui. Dans sa famille adoptive, on parle peu de son adoption. Ce silence n'est pas un rejet, mais plutôt une forme de pudeur, parfois de protection. Dans de nombreuses familles africaines, l'adoption est un acte de solidarité enraciné dans les valeurs communautaires. On recueille un enfant pour lui offrir un foyer, sans toujours nommer la rupture initiale. L'enfant est intégré dans le tissu familial, mais son histoire d'origine reste souvent suspendue, comme un chapitre manquant.

Brice ressent ce silence comme un vide. Il sait qu'il est aimé, mais il perçoit aussi une absence. Lors des rassemblements familiaux, il observe les ressemblances physiques, les gestes transmis, les proverbes partagés entre générations. Il ne sait pas à qui il ressemble. Il ne connaît pas les récits de sa naissance, ni les circonstances de sa séparation. Il dit : « Je suis dans la famille, mais je ne sais pas si je suis de la famille. » Cette phrase exprime un sentiment d'étrangeté, non pas fondé sur un rejet explicite, mais sur un manque de mots pour relier les fils de son identité.

Dans le cas de Brice comme dans bien d'autres en Afrique, la parole sur les origines est entourée de tabous. En effet, lorsqu'un enfant est adopté dans un contexte de solidarité familiale ou communautaire, il est souvent intégré sans que son histoire d'origine soit explicitement évoquée. Les adultes savent. Ils connaissent les circonstances de la séparation : un décès, une situation de grande précarité, un conflit entre familles. Mais par respect, par pudeur ou pour protéger l'enfant, ils choisissent de se taire. Le secret circule entre les adultes, parfois même entre voisins ou anciens du quartier, mais il ne franchit pas la barrière générationnelle. C'est ainsi que pendant longtemps, Brice n'a pas posé de questions. Il a grandi dans ce silence, sans soupçonner qu'une autre histoire existait derrière celle qu'on lui racontait. Le secret, dans un premier temps, est resté du côté de l'enfant. Il n'était pas prêt à entendre. Il ne savait pas encore qu'il manquait quelque chose. Mais à l'adolescence, le silence devient pesant. Des sensations confuses émergent : un sentiment de vide, des rêves récurrents, une colère sourde. Peu à peu, une question s'impose à lui : « D'où est-ce que je viens vraiment ? »

Pour Brice, cette question n'est pas une remise en cause de l'amour qu'il reçoit. Il ne cherche pas à rejeter ceux qui l'ont élevé. Il cherche à relier les morceaux de son histoire, à comprendre ce qui a précédé son arrivée dans cette famille. Il veut donner du sens à ce qu'il ressent, à ce qu'il est. Mais autour de lui, les adultes restent silencieux. Non pas parce qu'ils ignorent, mais parce qu'ils ont appris à ne pas dire. Ce décalage entre le savoir familial et l'ignorance de l'enfant crée une tension intérieure. Ce n'est pas l'absence d'information qui blesse Brice, mais l'absence de parole partagée. Dans ces conditions, la reconnaissance de son besoin de savoir devient essentielle. Elle ne consiste pas seulement à transmettre des faits, mais à ouvrir un espace de parole, où l'histoire peut être racontée avec délicatesse, sans honte ni culpabilité. Car pour que Brice puisse se construire, il ne suffit pas qu'il soit aimé : il faut aussi qu'il soit reconnu dans la totalité de son histoire, y compris dans ses origines tues.

Clarisse et le son du silence

« Je m'appelle Clarisse. J'ai quatorze ans. Je vis avec mes parents adoptifs depuis que j'ai quatre ans. Chez nous, on ne parle jamais de mon adoption. On dit que je suis leur fille, et je le suis. Mais au fond de moi, il y a un silence qui fait du bruit.

Je n'ai jamais osé poser de questions. Je ne veux pas manquer de respect. Je sais que dans notre culture, certaines choses ne se disent pas. Mais moi, j'ai besoin de savoir. Pas pour juger. Juste pour comprendre.

Parfois, je me demande à quoi ressemblait ma mère biologique. Est-ce qu'elle m'a tenue dans ses bras ? Est-ce qu'elle pense encore à moi ? Est-ce qu'elle m'a abandonnée ou est-ce qu'elle n'a pas eu le choix ? Je n'ai pas de réponses. Et personne ne m'en parle.

Quand je regarde les photos de famille, je vois les ressemblances entre mes cousins, mes tantes, mes oncles. Moi, je ne sais pas à qui je ressemble. Je me sens comme une pièce rapportée, même si personne ne me le dit.

Une fois, j'ai entendu ma grand-mère dire à une voisine : "C'est la fille de la sœur de mon mari. Elle est morte jeune." J'ai fait semblant de ne pas entendre. Mais depuis ce jour, je n'arrête pas d'y penser. Est-ce que c'est vrai ? Pourquoi personne ne me l'a dit ?

Je ne veux pas blesser mes parents. Je les aime. Ils m'ont élevée avec patience et tendresse. Mais j'aimerais qu'ils comprennent que j'ai besoin de connaître mon histoire. Même si elle est triste. Même si elle fait mal.

J'ai commencé à écrire dans un cahier. J'y mets mes questions, mes rêves, mes colères. C'est ma façon de faire parler le silence. Peut-être qu'un jour, je trouverai les mots pour leur dire ce que je ressens. Peut-être qu'un jour, ils m'écouteront sans avoir peur.

Je ne veux pas choisir entre deux familles. Je veux juste pouvoir dire que j'ai une histoire, entière, même si elle est faite de deux morceaux».

Clarisse a quatorze ans. Elle vit dans une famille adoptive depuis l'âge de quatre ans, dans un quartier populaire d'Afrique centrale. Elle est une adolescente discrète, appliquée, respectueuse des normes familiales. Elle participe aux tâches domestiques, veille sur les plus jeunes, et s'exprime avec retenue devant les adultes. En apparence, elle est bien intégrée. Mais derrière cette conformité, une question silencieuse la traverse : « Pourquoi suis-je ici ?»

Cette question, Clarisse ne la formule pas à voix haute. Elle la garde en elle, par respect, par peur de déranger, ou peut-être parce qu'elle ne sait pas comment la poser. Dans sa famille, on ne parle jamais de son adoption. Ce silence n'est pas un oubli. Il est culturellement structuré. Dans de nombreuses familles africaines, l'adoption est un acte de solidarité, souvent entre membres d'un même lignage. On recueille un enfant sans toujours nommer la rupture. L'enfant devient « notre fille », « notre nièce », sans que l'on évoque ce qui s'est passé avant. Le passé est absorbé dans le présent, et le silence est perçu comme une forme de protection. On dit : « Ce qui compte, c'est qu'elle soit là, qu'elle soit bien ».

Seulement, le silence fait du bruit au quotidien. Il résonne comme un manque de réponses, un vide qui grandit avec l'âge. Dès lors, le sujet ressent qu'il y a une histoire qu'on ne lui raconte pas. Il perçoit les non-dits dans les regards, les silences gênés, les mots chuchotés quand il entre dans une pièce. Aussi comprend-t-il qu'il y a quelque chose qu'il ne sait pas, et ce qu'elle ne sait pas devient une inquiétude, une blessure, une solitude. Si Clarisse ne veut pas blesser sa famille du fait de l'amour, des soins, de la stabilité qu'elle reçoit, elle ressent un manque fondamental. Elle ne connaît pas le prénom de sa mère biologique. Elle ignore les circonstances de sa séparation. Elle ne sait pas si elle a des frères ou des sœurs ailleurs. Elle dit : « J'ai l'impression d'être un mot sans définition ». Une métaphore exprime avec justesse le sentiment d'incomplétude qui habite de nombreux adolescents adoptés.

À l'adolescence, chacun est confronté à une tâche psychique essentielle : la construction de l'identité. Ce qui implique de relier son passé à son présent, de comprendre ses origines pour mieux se projeter dans l'avenir. Pour Clarisse, cette quête est plus difficile. Elle doit construire son identité avec des morceaux manquants, des zones d'ombre, des silences. Et dans sa famille, personne ne lui donne les clés pour comprendre. Non pas par malveillance, mais par loyauté envers les traditions, par peur de réveiller une douleur, ou par crainte de fragiliser le lien. Le silence, qui se voulait protecteur, devient alors un obstacle à la construction personnelle. Il empêche Clarisse de se dire, de se penser, de se situer. Il la prive d'un récit qui pourrait donner sens à son vécu. Il la laisse seule face à des questions existentielles qu'elle n'ose pas poser.

Dans une quête de la subjectivation de soi, les questionnements sur le cours de sa vie chez l'adolescent en situation d'adoption ne sont pas une menace pour la famille. Elles sont une tentative de relier les fils de son histoire, de faire coexister en elle les différentes dimensions de son identité. Reconnaître ce besoin, c'est reconnaître Clarisse comme sujet. C'est accepter que l'amour ne suffit pas toujours à combler le silence. Il faut aussi des mots, des récits, des espaces d'écoute. Il ne s'agit pas de tout dire, mais de nommer ce qui peut l'être, de reconnaître ce qui a été tu, et d'accompagner l'adolescente dans sa quête de sens. Car c'est dans cette reconnaissance que le silence peut devenir parole, et que la blessure peut devenir chemin de construction.

Moïse et l'épreuve de la loyauté

> *« Je m'appelle Moïse. J'ai quinze ans. Je vis avec mes parents adoptifs depuis que j'ai deux ans. Je les appelle papa et maman, parce qu'ils m'ont élevé comme leur propre fils. Ils m'ont donné un toit, une éducation, de l'affection. Je leur dois beaucoup.*
>
> *Mais depuis quelque temps, une question me revient souvent dans la tête : Qui étaient mes premiers parents ? Je ne sais pas comment poser cette question. J'ai peur qu'on pense que je suis ingrat. J'ai peur de blesser ceux qui m'aiment. Alors je me tais.*

Pourtant, ce silence me pèse. Je sens qu'il y a une partie de mon histoire qu'on ne me raconte pas. Je vois bien que les adultes autour de moi savent des choses. Parfois, j'entends des phrases coupées quand j'arrive dans une pièce. Parfois, je surprends un regard triste ou gêné.

Je ne veux pas trahir ma famille. Mais je ne veux pas non plus me trahir moi-même. J'ai besoin de savoir. Même si c'est dur. Même si l'histoire est compliquée. Je ne cherche pas à fuir. Je veux juste comprendre.

Il m'arrive de rêver d'une femme que je ne connais pas. Elle me regarde sans parler. Je me réveille avec le cœur serré. Est-ce que c'est ma mère biologique ? Est-ce qu'elle pense à moi ? Est-ce qu'elle m'a abandonné ou est-ce qu'elle n'a pas eu le choix ?

Je n'ai jamais posé ces questions à mes parents adoptifs. Je ne sais pas comment ils réagiraient. J'ai peur qu'ils se sentent trahis. Mais au fond de moi, je sens que je ne pourrai pas avancer tant que je ne connaîtrai pas la vérité.

Je ne veux pas choisir entre deux familles. Je veux pouvoir dire que j'ai deux histoires. Celle qu'on m'a donnée, et celle que je cherche encore. Je veux qu'on m'autorise à poser des questions sans me juger. Je veux qu'on comprenne que ce n'est pas un manque d'amour, mais un besoin de sens.

Peut-être qu'un jour, j'aurai le courage de parler. Peut-être qu'un jour, on m'écoutera sans me faire sentir coupable. Ce jour-là, je pourrai commencer à me sentir entier ».

À quinze ans, Moïse se trouve à un moment charnière de son développement psychique. Il est entré dans l'adolescence, cette période où l'individu cherche à comprendre qui il est, d'où il vient, et ce qu'il veut devenir. Pour un adolescent adopté, cette quête identitaire est souvent plus complexe. Elle implique de relier deux histoires : celle qu'il vit au quotidien dans sa famille adoptive, et celle, plus floue, de ses origines biologiques. C'est dans cet entre-deux que se joue ce que l'on peut appeler l'épreuve de la loyauté. En effet, Moïse a grandi dans une famille stable, aimante, respectée dans son quartier. Il appelle ses parents adoptifs « papa » et « maman », et il leur témoigne une profonde reconnaissance. Il connaît les règles de la maison, participe aux tâches familiales, et ne manifeste aucun comportement problématique. En apparence, tout va bien. Mais à l'intérieur, une question le hante : « Qui étaient mes vrais parents ? »

Cette question, Moïse ne l'a jamais posée directement. Dans sa famille, elle est perçue comme délicate, presque dangereuse. L'adoption est connue de tous les adultes, mais rarement évoquée. On considère qu'il a été « sauvé » d'une situation difficile, et qu'il doit être reconnaissant. Dans de nombreuses familles africaines, l'adoption est un acte de solidarité, souvent entre membres du même lignage. On recueille un enfant sans toujours lui expliquer les circonstances de son arrivée. Le passé est enveloppé de silence, parfois par pudeur, parfois pour éviter de réveiller des douleurs anciennes ou des conflits familiaux non résolus. Mais ce silence, que les adultes vivent comme une protection, devient pour Moïse un espace de tension intérieure. Il aime ses parents adoptifs. Il leur est sincèrement attaché. Mais il sent aussi qu'il lui manque une partie de son histoire. Il ne connaît pas les raisons précises de son adoption. Il ignore s'il a des frères ou des sœurs biologiques. Il ne sait pas ce qui est arrivé à sa mère de naissance. Il ressent un vide, une absence de repères, une zone d'ombre dans son récit personnel.

Moïse dit : « j'ai peur de chercher, parce que j'ai peur qu'on pense que je trahis ceux qui m'ont élevé. » Cette phrase exprime avec justesse le dilemme vécu par de nombreux adolescents adoptés. Ils se sentent pris entre deux fidélités : d'un côté, la loyauté affective envers la famille qui les a accueillis, nourris, protégés ; de l'autre, une fidélité intérieure, plus intime, envers leurs origines, même inconnues. Cette tension peut provoquer de la culpabilité, du silence, ou un repli sur soi. Elle peut aussi freiner l'expression des besoins identitaires, par peur de blesser ou de décevoir. Dans le contexte culturel africain, cette épreuve est renforcée par des normes sociales fortes. L'enfant adopté est souvent considéré comme pleinement intégré, et toute question sur ses origines peut être interprétée comme une forme d'ingratitude. L'adolescent intériorise alors l'idée qu'il ne doit pas « remuer le passé », qu'il doit se contenter de ce qu'il a reçu. Mais cette injonction au silence entre en conflit avec le besoin fondamental de se connaître, de se situer, de se raconter.

À l'adolescence, l'épreuve de la loyauté n'a pas simplement à être interprétée comme un caprice ou un manque de reconnaissance. Car, elle semble surtout suggérer une tension intérieure importante, qui joue un rôle dans la construction de l'identité. En effet, l'adolescent adopté se sent très souvent partagé entre deux fidélités : celle qu'il ressent envers sa famille adoptive, et celle, plus intime, envers ses origines biologiques, même s'il ne les connaît pas. Cette tension peut provoquer des sentiments de culpabilité, un repli sur soi, ou un silence douloureux. Par-là, le sujet craint de poser des questions, de peur de blesser ceux qui l'ont élevé. Pourtant, ces questions sont nécessaires pour qu'il puisse comprendre son histoire et se construire comme sujet.

Yvan et les blessures narcissiques identitaires

« Je m'appelle Yvan. J'ai treize ans. Je vis avec mes parents adoptifs depuis que j'ai trois ans. Chez moi, tout le monde me traite bien. On m'a toujours dit que j'étais un enfant comme les autres. Mais moi, je sens que quelque chose ne va pas.

Depuis quelque temps, je me regarde souvent dans le miroir. Je cherche à savoir à qui je ressemble. Je regarde mes yeux, mon nez, mes mains. Mais je ne trouve pas de réponse. Je ne sais pas d'où viennent mes traits. Je ne sais pas à qui je dois mon visage.

À l'école, quand les autres parlent de leurs grands-parents, de leur village d'origine, de leur nom de famille, je me tais. Je ne sais pas quoi dire. Je ne connais pas mon histoire. Je ne sais même pas si j'ai des frères ou des sœurs quelque part.

À la maison, je n'ose pas poser de questions. J'ai peur de blesser mes parents. Ils m'aiment, je le sais. Mais j'ai l'impression que si je parle de mes origines, ils vont croire que je ne les aime pas. Alors je garde tout pour moi.

Parfois, je me sens vide. Comme si j'étais un cahier dont on a arraché les premières pages. Je me demande pourquoi on m'a laissé. Est-ce que j'étais un problème ? Est-ce que je n'étais pas assez bien ? Ces pensées me font mal, mais je n'arrive pas à les faire taire.

J'aimerais qu'on me dise la vérité. Même si elle est difficile. J'aimerais qu'on me parle de ma mère biologique, de mon histoire, de ce qui s'est passé. Je ne veux pas fuir ma famille actuelle. Je veux juste comprendre.

Je crois que si je connaissais mon histoire, je pourrais me sentir plus fort. Je pourrais me regarder dans le miroir et me dire : "Voilà qui je suis." Pour l'instant, je cherche encore. Mais j'espère qu'un jour, on m'écoutera sans me juger. Et que je pourrai enfin me sentir entier ».

Yvan a treize ans. Il vit dans une famille adoptive depuis l'âge de trois ans, dans un quartier urbain d'Afrique centrale. C'est un adolescent intelligent, curieux, mais souvent réservé. À l'école, il réussit bien, mais il évite de parler de sa famille. À la maison, il respecte les règles, mais il reste silencieux. Depuis quelque temps, il passe du temps devant le miroir. Il dit : « Je ne sais pas qui je suis. » Cette phrase montre une souffrance intérieure. Elle reflète ce que les psychologues appellent une blessure narcissique identitaire. Ce n'est pas un simple malaise passager. C'est une difficulté plus profonde dans la manière dont Yvan se perçoit lui-même. Comme beaucoup d'adolescents adoptés, il peut se sentir incomplet, flou, ou étranger à lui-même. Yvan ne connaît pas ses origines biologiques. Il ne sait pas à qui il ressemble. Il n'a pas accès aux récits de sa naissance, ni aux souvenirs de ses premières années. Ce manque d'informations crée un vide. Ce vide rend difficile la construction de son identité. Il ne peut pas relier son passé à son présent. Il ne peut pas se représenter clairement qui il est.

Dans de nombreuses familles africaines, l'adoption est perçue comme un acte de solidarité. On accueille un enfant, souvent issu du cercle familial élargi, sans toujours lui expliquer les circonstances de son arrivée. L'enfant est intégré dans la famille, mais son passé reste souvent entouré de silence. On pense que l'amour et l'intégration suffisent. On dit parfois : « tu es notre enfant maintenant, c'est tout ce qui compte ». Mais pour Yvan, ce silence devient source de malaise. Il sent qu'il y a une partie de son histoire qu'on ne lui dit pas. Il entend des mots chuchotés, des phrases interrompues lorsqu'il entre dans une pièce. Il remarque que ses questions sont évitées. Peu à peu, il comprend qu'un secret existe autour de lui. Ce non-dit affecte son estime de soi. Il commence à douter de sa valeur. Il se compare à ses cousins, à ses camarades, et se sent différent. Il cherche des ressemblances physiques ou familiales, mais n'en trouve pas. Il dit : « Je suis comme un arbre sans racines. » Cette image traduit son sentiment de rupture : il ne parvient pas à relier son passé à son présent, ni à se projeter dans l'avenir. Ce manque de continuité fragilise la construction de son identité.

La blessure narcissique identitaire que peut ressentir un adolescent adopté ne se limite pas à l'abandon initial. Elle s'enracine aussi dans l'absence de mots pour dire ce qui a été vécu. En effet, ce n'est pas seulement l'événement de la séparation qui blesse, mais aussi et surtout le silence qui l'entoure, l'impossibilité de le penser, de le raconter, de le relier à une histoire cohérente. Dans ce sens, le manque d'informations sur ses origines, l'absence de récits sur sa naissance, sur les circonstances de son adoption ou sur ses premiers liens affectifs, créent un vide symbolique. Ce vide empêche la construction d'une image stable de soi. L'enfant ne sait pas d'où il vient, pourquoi il a été confié à une autre famille, ni ce qui a motivé cette décision. Ce qui est de nature à donner lieu à des représentations erronées, souvent culpabilisantes, comme l'idée d'avoir été abandonné parce qu'il n'était pas « assez bien », « pas désiré » ou « responsable » de ce qui s'est passé.

S'il ne s'agit pas nécessairement de tout dire, ni de livrer des détails douloureux sans préparation, le récit de vie permet de réparer l'image de soi, de redonner du sens à ce qui a été vécu, et de sortir du flou identitaire. Surtout que, l'enfant adopté a besoin qu'on lui dise clairement qu'il n'est pas responsable de la séparation initiale. Il a besoin d'entendre que ce qui s'est passé ne remet pas en cause sa valeur, ni sa dignité. Il a besoin que sa douleur soit reconnue et accueillie, sans être niée, minimisée ou contournée. Cette reconnaissance est essentielle pour qu'il puisse transformer sa blessure en force, et construire une identité qui intègre à la fois la perte et l'appartenance. Mais, dans bon nombre de familles africaines, où la parole sur les origines est souvent taboue, le travail de mise en récit peut sembler difficile.

Julie et le mythe du sauvetage bienveillant

> *« Je m'appelle Julie. J'ai douze ans. Je vis avec ma famille adoptive depuis que j'ai deux ans. On me dit souvent que j'ai eu de la chance.*

Que j'ai été "sauvée". Que je dois être reconnaissante. Alors je souris, je dis merci, et je fais tout pour ne pas décevoir.

Mais parfois, je me demande : et si j'ai aussi perdu quelque chose ? Je ne me souviens pas de ma mère biologique. Je ne sais pas pourquoi je ne suis pas restée avec elle. Je ne sais pas si elle est encore en vie. Et je n'ose pas poser de questions.

À la maison, on m'aime. Je le sais. Mais je sens aussi qu'il y a des choses qu'on ne veut pas dire. Quand je parle de mon passé, on change de sujet. Quand je demande d'où je viens, on me répond : "Tu es ici maintenant, c'est ce qui compte."

Alors je me tais. Je garde mes questions pour moi. Mais elles ne disparaissent pas. Elles reviennent la nuit, dans mes rêves. Elles me font sentir différente, même si personne ne me rejette.

Je ne veux pas blesser mes parents. Je ne veux pas qu'ils pensent que je ne les aime pas. Mais j'aimerais qu'ils comprennent que j'ai besoin de savoir. Pas pour fuir. Pas pour les remplacer. Juste pour me sentir complète.

Parfois, j'ai l'impression d'être un cadeau qu'on a bien emballé, mais dont on a perdu l'étiquette. Je suis là, présente, aimée, mais sans histoire. Et sans histoire, c'est difficile de savoir qui on est.

J'aimerais qu'on me dise que j'ai le droit de poser des questions. Que je ne suis pas ingrate si je veux comprendre. J'aimerais qu'on m'écoute, sans me rappeler tout ce qu'on a fait pour moi.

Je ne veux pas choisir entre deux mondes. Je veux pouvoir marcher avec les deux. Celui qui m'a donné la vie, et celui qui m'a élevée ».

Julie a douze ans. Elle vit dans une famille adoptive depuis l'âge de deux ans, dans une ville d'Afrique centrale. Elle est vive, attentive, et souvent souriante. À l'école, elle est décrite comme une élève sérieuse. À la maison, elle aide sa mère, s'occupe de ses petits cousins, et ne se plaint jamais. Pourtant, derrière cette apparente tranquillité, Julie porte une question silencieuse : « Pourquoi moi ? » Dans sa famille, on lui rappelle souvent qu'elle a eu de la chance. On lui dit qu'elle a été « sauvée » d'une situation difficile. On lui répète qu'elle doit être reconnaissante. Ce discours est courant dans de nombreuses familles africaines. L'adoption y est souvent vécue comme un acte de charité ou de devoir moral. On recueille un enfant pour lui offrir une vie meilleure. On attend alors de lui qu'il soit sage, obéissant, et qu'il ne remette pas en question ce qu'il a reçu.

Ce que vit Julie, c'est qui est tenue d'être appelé le mythe du sauvetage bienveillant. Ce mythe repose sur l'idée que l'enfant adopté a été « sauvé » et qu'il doit en retour montrer de la gratitude. Mais ce récit, même s'il part d'une bonne intention, peut devenir lourd à porter pour l'enfant. Il crée une attente implicite : ne pas poser de questions, ne pas exprimer de colère, ne pas parler de son passé. Julie sent cette attente. Elle comprend qu'elle doit « mériter » l'amour qu'on lui donne. Elle dit : « Si je demande d'où je viens, on va croire que je ne suis pas contente d'être ici. » Alors elle se tait. Mais ce silence la fait souffrir. Elle se sent coupable de vouloir savoir. Elle se demande si elle a le droit de poser des questions. Elle se demande si elle a le droit d'avoir mal.

Le récit sur le fait adoptif dans la cosmogonie africaine rime parfois avec le mythe du sauvetage bienveillant, où l'enfant est perçu avant tout comme l'unique bénéficiaire de la situation. Ce qui impose une gratitude silencieuse. Dans ce sens, toute émotion qui dérange comme la tristesse, la colère, le sentiment d'abandon est perçue comme une forme d'ingratitude. Dans ces conditions, l'enfant apprend alors à se taire, à sourire, à « bien se tenir », même si, intérieurement, il est traversé par des conflits profonds. Pourtant, Julie, comme beaucoup d'adolescents adoptés, ne rejette pas sa famille adoptive. Elle reconnaît ce qu'elle a reçu : un foyer, de l'affection, une éducation. Seulement, elle ressent aussi un manque fondamental. Elle sent qu'une partie de son histoire est absente, ou tue. Elle perçoit que certaines questions sont évitées, que certains sujets sont tabous. Elle comprend que son besoin de savoir peut être mal interprété. Et pourtant, ce besoin est légitime.

À l'adolescence, la construction de l'identité passe par la capacité à relier les différentes dimensions de soi : le passé, le présent, les origines, les appartenances. Si l'enfant adopté est enfermé dans un récit de sauvetage, il ne peut pas devenir pleinement sujet de son histoire. Il reste dans une position passive, assignée, où il doit « être reconnaissant » plutôt que chercher à comprendre. Julie a besoin qu'on lui dise qu'elle a le droit de poser des questions. Qu'elle a le droit d'être triste, en colère, ou confuse. Elle a besoin qu'on l'écoute, non comme une enfant « sauvée », mais comme une personne en quête de sens, qui cherche à comprendre qui elle est, d'où elle vient, et comment elle peut faire coexister ses différentes appartenances. Sortir du mythe du sauvetage, c'est donc changer de posture éducative et affective. C'est passer d'un discours de protection à une attitude de reconnaissance. C'est offrir à l'adolescent adopté un espace où il peut dire, penser, ressentir, sans craindre de trahir. C'est lui permettre de devenir auteur de son histoire, et non simple bénéficiaire d'un récit imposé.

Le présent chapitre a mis en évidence la richesse et la complexité des langages non verbaux et symboliques qui traversent le lien adoptif. Voix, regards, silences, gestes ou récits fragmentés sont autant de formes d'expression qui participent à la construction de la relation entre l'enfant et ses parents. Ces langages, souvent discrets ou implicites, traduisent des mouvements affectifs profonds, des attentes, des peurs, mais aussi des tentatives de reconnaissance mutuelle. Dans le contexte de l'adoption, où les repères filiatifs peuvent être fragilisés ou discontinus, ces formes d'expression prennent une valeur particulière. Elles permettent de dire sans dire, de montrer sans expliquer, de créer du lien là où les mots manquent. Reconnaître et accueillir ces langages, c'est offrir à l'enfant un espace où il peut se sentir vu, entendu et reconnu dans sa singularité. En effet, la filiation adoptive ne se construit pas uniquement par le droit ou par le discours explicite. Elle se tisse aussi dans ces échanges sensibles, dans ces regards qui soutiennent, dans ces voix qui apaisent, dans ces gestes qui rassurent. En prêtant attention à ces dimensions, les professionnels et les familles peuvent mieux accompagner le processus de subjectivation de l'enfant, et soutenir l'émergence d'un lien vivant, souple et porteur de sens. Ainsi, penser les langages du lien, c'est élargir notre compréhension de la filiation adoptive. C'est reconnaître que le lien se construit autant dans l'invisible que dans le visible, dans l'écoute silencieuse autant que dans la parole partagée. C'est, enfin, affirmer que chaque enfant a besoin d'un espace où ses voix intérieures et ses regards portés trouvent un écho, une réponse, une place.

Chapitre 6

INTERPRÉTATION SYMBOLIQUE DU LIEN ADOPTIF

Le lien adoptif, en tant que structure, convoque de manière singulière les dimensions symboliques de la filiation. Il interroge les fondements mêmes de l'identité, du nom, de la place dans la généalogie, et du désir parental. Dans cette perspective, l'interprétation symbolique du lien adoptif vise à mettre en lumière les opérations subjectives qui permettent à l'enfant adopté, comme à ses parents adoptifs, de s'inscrire dans une filiation symbolique. Il s'agit de comprendre comment, au-delà de l'absence de continuité biologique, se tisse un lien porteur de sens, soutenu par le langage, les représentations, les récits et les rituels. Ce lien, pour se constituer, nécessite un travail d'élaboration psychique, tant du côté de l'enfant que de celui des adultes, afin de transformer l'adoption en une véritable affiliation symbolique. Explorer l'interprétation symbolique du lien adoptif, c'est donc interroger les conditions subjectives de l'appartenance, les modalités de transmission du nom et de l'histoire, et les processus de subjectivation à l'œuvre dans cette forme singulière de filiation. C'est aussi reconnaître que l'adoption, loin d'être une simple substitution parentale, engage une élaboration symbolique qui donne sens à l'origine, au devenir, et à la place de chacun dans le tissu familial.

Lien adoptif : une structure de tensions

Les histoires d'adolescents comme Aïda, Brice et Clarisse révèlent avec une intensité singulière la complexité du lien adoptif à l'adolescence. Loin de se réduire à un simple acte juridique ou à un geste d'amour voire de générosité sociale, l'adoption constitue un événement fondateur qui inscrit l'enfant dans un entre-deux : entre deux histoires, deux filiations, deux silences. Ce lien, souvent idéalisé comme une réparation, porte en lui une blessure originaire, une énigme existentielle que l'adolescent est appelé à affronter pour se construire comme sujet. À travers leurs trajectoires, les adolescents adoptés incarnent chacun, d'une manière ou d'une autre, une modalité singulière la tension constitutive du lien adoptif, tension entre loyauté et vérité, entre amour reçu et origine tue, entre appartenance et altérité. À travers l'exploration de leur vécu, bon nombre d'adolescents en situation d'adoption expriment, avec des mots ou des silences, un besoin vital de comprendre, de nommer, de relier les fragments de leur histoire.

Le parcours d'Aïda par exemple met en lumière une dimension fondamentale de l'expérience adoptive : celle d'un manque qui ne se laisse ni localiser précisément, ni formuler clairement. Le « vide intérieur » qui se dégage de son vécu n'est pas simplement l'expression d'un souvenir oublié ou d'un événement traumatique refoulé. Il s'agit davantage d'un affect non symbolisé, c'est-à-dire d'une émotion brute, non intégrée dans un récit subjectif, qui persiste en dehors du langage. Ce type de souffrance, souvent qualifié de « douleur sans nom », s'inscrit dans le corps et le psychisme comme une trace énigmatique, un reste d'une expérience fondatrice qui n'a pas trouvé de mots pour être pensée, ni de regard pour être reconnue. En effet, dans le cas d'Aïda, l'absence de récit sur ses origines empêche la mise en sens de ce qui a été vécu.

Or, pour se construire comme sujet, l'enfant, et plus encore l'adolescent, a besoin d'un récit qui articule les différentes strates de son histoire, même celles marquées par la perte, la séparation ou le non-savoir. Lorsque cette narration fait défaut, le passé devient un territoire flou, peuplé de fantasmes, d'images lacunaires, de questions sans réponse. Le silence autour des origines, loin d'apaiser, agit comme un écran opaque qui empêche l'élaboration psychique. Il crée une discontinuité dans la chaîne symbolique, une rupture dans la filiation, qui fragilise le sentiment de continuité de soi. Ce que vit Aïda illustre la manière dont le non-dit peut devenir un fardeau psychique. Ce qui n'a pas été transmis ne disparaît pas pour autant. Au contraire, cela s'inscrit dans l'inconscient comme une énigme, un « trou » dans le tissu de l'histoire personnelle. Ce trou, parce qu'il n'est pas nommé, devient un lieu d'angoisse, de culpabilité diffuse, voire de honte intériorisée.

Le parcours de Brice illustre une dynamique adoptive marquée non par le rejet ou la révolte, mais par une quête de sens profondément structurante. Son désir de connaître ses origines ne procède ni d'un rejet de ses parents adoptifs ni d'un besoin de réparation, mais d'un mouvement intérieur vers la reconnaissance de l'ensemble de son histoire. Ce qui l'anime, c'est la volonté de relier les fils de son existence, de penser sa filiation dans sa complexité, sans clivage ni hiérarchisation entre les figures parentales adoptives et biologiques. Cette posture qui témoigne d'une avancée dans le processus de subjectivation. En effet, Brice ne se contente pas d'un récit unique, il cherche à articuler deux appartenances, deux lignées, deux histoires. Il ne s'agit pas pour lui de choisir entre l'une ou l'autre, mais de faire coexister ces deux dimensions de son identité dans un espace psychique suffisamment souple pour accueillir la pluralité. Cette capacité à penser la filiation dans sa double dimension rejoint le concept de « double inscription » selon lequel l'enfant adopté est inscrit dans deux généalogies symboliques : celle de la naissance et celle de l'adoption. Lorsque ces deux lignés peuvent être reconnues, nommées et intégrées, elles cessent d'être vécues comme contradictoires ou exclusives.

Comme le vide intérieur présent chez Aïda, le cas de Clarisse illustre avec acuité les effets psychiques d'un silence familial structurant, mais paradoxalement aliénant. En effet, dans son environnement adoptif, l'amour est bien présent, mais il coexiste avec une absence de parole sur les origines, sur l'histoire antérieure à l'adoption, sur les circonstances de la séparation d'avec les parents biologiques. Ce silence, souvent motivé par une volonté de protéger l'enfant devient en réalité un vecteur de confusion. Il ne protège pas : il isole. Si le silence agit ici comme un interdit implicite, il ne dit pas seulement « nous ne savons pas », mais surtout « il ne faut pas savoir ». Ce qui installe une zone d'ombre dans la filiation, une opacité dans la transmission, qui empêche l'adolescente de se représenter son histoire de manière cohérente. Or, pour se construire psychiquement, tout sujet a besoin d'un récit, même fragmentaire, même douloureux.

L'absence de mots laisse le champ libre aux fantasmes, aux scénarios imaginaires, souvent marqués par l'angoisse, la culpabilité ou le rejet. Clarisse, livrée à elle-même face à ces zones blanches de son histoire, tente de combler le vide par des hypothèses personnelles, parfois envahissantes, qui alimentent une instabilité identitaire. Dès lors, l'élaboration psychique est alors entravée. Car, ne pouvant mettre en mots ce qui la traverse, Clarisse ne peut ni penser sa souffrance, ni la partager. Elle se heurte à une forme d'incommunicabilité, non seulement avec ses parents, mais aussi avec elle-même. Une opacité qui peut se traduire par des troubles de l'humeur, des conduites à risque, ou un sentiment diffus d'étrangeté à soi. La confusion identitaire qui en résulte n'est pas le fruit d'un manque d'amour, mais d'un manque de symbolisation.

Lien adoptif : espace de remaniements identitaires

L'adolescence constitue un moment de remaniements identitaires d'une intensité particulière, où le sujet est confronté à la nécessité de s'approprier son histoire pour construire une représentation cohérente de lui-même. Cette période d'aménagements multiples, marquée par la quête de sens, la différenciation et l'émergence d'une subjectivité plus autonome, active avec force les enjeux spécifiques du lien adoptif. En effet, pour l'adolescent adopté, il ne s'agit pas simplement de grandir, mais de composer avec une double origine, souvent marquée par des zones d'ombre, des silences, voire des secrets. L'adoption, en tant qu'événement fondateur, devient alors un espace de remaniement identitaire où se rejouent les questions de filiation, d'appartenance, de reconnaissance. Les récits d'Aïda, Brice et Clarisse illustrent avec finesse cette dynamique de remaniement identitaire.

Les histoires d'Aïda, Brice et Clarisse illustrent la manière dont les adolescents adoptés tentent de donner sens à leur histoire à travers des gestes personnels de mise en mots. Aïda cherche à nommer une douleur ancienne, un vide intérieur qui l'habite depuis l'enfance. Ce vide, difficile à définir, devient plus supportable lorsqu'il peut être exprimé. Mettre des mots sur ce ressenti lui permet de commencer un travail de symbolisation, c'est-à-dire de transformer une souffrance muette en expérience pensable. Brice, de son côté, utilise l'écriture comme un moyen de relier les différentes parties de sa vie. Il ne rejette pas sa famille adoptive, mais il ressent le besoin de comprendre d'où il vient. En écrivant, il tente de construire une continuité entre son passé biologique et son présent adoptif. Ce travail d'articulation entre deux histoires lui permet de penser sa double appartenance sans devoir choisir entre l'une ou l'autre. Clarisse, quant à elle, tient un cahier dans lequel elle écrit ce que sa famille ne dit pas. Le silence autour de son adoption devient pour elle une source d'angoisse et de confusion. En écrivant, elle essaie de briser cette opacité, de créer un espace où ses questions peuvent exister. Son cahier devient un lieu de parole intime, un outil pour affronter ce qui reste flou ou interdit dans son environnement familial.

L'adoption ne peut être comprise uniquement comme un acte juridique ou comme l'entrée affective dans une nouvelle famille. Elle engage un processus plus profond, qui touche à la construction de l'identité du sujet. Ce processus est particulièrement visible à l'adolescence, période où l'individu cherche à comprendre qui il est, d'où il vient, et où il va. Pour l'adolescent adopté, cette quête identitaire se complique par la présence de deux histoires parentales : celle de la filiation biologique, souvent partiellement connue ou entourée de silence, et celle de la filiation adoptive, vécue au quotidien. L'enjeu ici n'est pas de choisir entre ces deux filiations, ni de rejeter l'une au profit de l'autre. Il s'agit plutôt de tenter de les articuler, de leur donner une place dans un récit personnel cohérent. Cette articulation est rarement simple. Les deux histoires peuvent être disjointes, parfois contradictoires, ou marquées par des zones d'ombre. Pourtant, pour que l'adolescent puisse se construire comme sujet, il doit pouvoir penser ces deux appartenances ensemble, même si elles ne s'emboîtent pas parfaitement.

Le travail de recomposition identitaire dans le lien adoptif nécessite des conditions où l'adolescent peut explorer ses questions, ses doutes et ses émotions. Il a besoin d'être reconnu dans la complexité de son histoire, sans être contraint à choisir une seule version de lui-même. L'adoption devient alors un lieu de transformation intérieure, où l'adolescent cherche à faire tenir ensemble ce qui, à première vue, semble séparé : l'avant et l'après, l'absence et la présence, le biologique et le symbolique. En clair, l'adoption ne se limite pas à un changement de nom ou de foyer. Elle engage un processus psychique de longue durée, dans lequel l'adolescent tente de construire une identité qui intègre ses différentes origines. Ce processus demande du temps, de la parole, et surtout une écoute bienveillante de la part des adultes qui l'entourent. C'est à cette condition que le lien adoptif peut devenir un espace vivant de subjectivation et non une simple substitution de filiation.

Lien adoptif : un espace de tension symbolique et de loyauté silencieuse

Les récits de Moïse et Yvan constituent une matière clinique d'une rare densité pour penser le lien adoptif non comme une simple donnée biographique, mais comme un espace de tension symbolique, de loyauté silencieuse et de quête identitaire. À travers leurs paroles et leurs silences, ces adolescents révèlent les mouvements psychiques profonds qui traversent l'expérience adoptive, en particulier à l'adolescence, moment où se rejouent les enjeux de filiation, d'appartenance et de reconnaissance. En effet, Moïse incarne avec force la tension de la loyauté. Il aime sincèrement ses parents adoptifs, se sent redevable envers eux, mais il est habité par une question fondatrice : celle de ses origines biologiques. Cette interrogation, pourtant légitime, reste tue. Moïse n'ose pas la formuler, de peur de blesser ceux qui l'ont accueilli et élevé. Il vit ainsi une double contrainte psychique : ne pas trahir ses parents adoptifs, mais ne pas se trahir lui-même. Ce dilemme, fréquent dans les parcours adoptifs, révèle une tension entre deux fidélités, deux histoires, deux silences. Le silence de Moïse n'est pas un refus de savoir, mais le symptôme d'un conflit intérieur non résolu. Il porte en lui une demande de reconnaissance, une quête de vérité, une volonté de relier les fils épars de son histoire. Son rêve récurrent d'une femme silencieuse, qui le regarde sans parler, incarne cette figure maternelle absente mais psychiquement agissante. Le rêve devient ici un espace de transmission psychique, où l'inconscient tente de faire lien là où le discours familial échoue. Il révèle la présence d'un héritage invisible, transmis non par les mots, mais par les manques, les affects, les représentations silencieuses.

L'explicitation du vécu d'Yvan donne à voir une autre facette de la souffrance adoptive : celle de la blessure narcissique. Il ne sait pas à qui il ressemble, d'où viennent ses traits, quelle est la trame de son histoire. Il se décrit comme un cahier dont on aurait arraché les premières pages. Cette métaphore traduit une faille dans la continuité narrative du moi, une difficulté à se penser comme sujet inscrit dans une lignée. L'absence de récit sur ses origines ne le protège pas ; elle le prive au contraire d'un socle symbolique sur lequel fonder son identité. Yvan ne remet pas en cause l'amour de ses parents adoptifs, mais il souffre d'un manque de symbolisation de son passé. Les questions qu'il porte (« Pourquoi ai-je été abandonné ? », « Qu'ai-je fait pour mériter cela ? ») restent sans réponse. Non élaborées, elles se retournent contre lui sous forme de doutes sur sa propre valeur, de culpabilité diffuse, de honte intériorisée. Le silence familial, bienveillant dans son intention, devient un facteur de désubjectivation : il empêche l'adolescent de se penser comme un être légitime, porteur d'une histoire. Ce qu'Yvan demande, ce n'est pas une réparation impossible, mais un récit. Une parole qui vienne inscrire son existence dans une continuité signifiante, qui lui permette de se dire : « Voilà d'où je viens, voilà qui je suis ».

L'adoption, loin d'être une simple réparation, engage les sujets dans une dynamique psychique où se rejouent des enjeux de filiation, d'appartenance et de vérité. Le lien adoptif est ainsi le théâtre de conflits de loyauté silencieuse : l'enfant adopté, en recevant amour et protection de ses parents adoptifs, peut éprouver une culpabilité sourde à l'idée de trahir cet amour en exprimant le désir de connaître ses origines. Ce désir, pourtant légitime, entre en friction avec la crainte de blesser ceux qui l'ont accueilli, nourri, aimé. Le silence, souvent érigé en rempart contre la douleur ou l'inconnu, devient alors un piège. Loin d'apaiser, il entretient une forme d'angoisse diffuse, un sentiment d'incomplétude, voire de confusion identitaire. Ce silence peut être celui des parents adoptifs, qui taisent certaines vérités par peur de perdre leur place symbolique, ou celui de l'adolescent lui-même, qui n'ose formuler ses questions. Dans les deux cas, le non-dit empêche la mise en récit, et donc la subjectivation. Cependant, les récits de Moïse et Yvan montrent que les adolescents adoptés ne cherchent pas à renier leur famille adoptive. Leur quête n'est pas une fuite, mais une tentative de réunification intérieure. Ils aspirent à faire exister une histoire entière, à relier les fragments épars de leur passé, à donner sens à leur trajectoire. Cette démarche s'inscrit dans un besoin fondamental de filiation symbolique : il ne s'agit pas seulement de savoir « d'où je viens », mais de pouvoir dire « je suis issu de… », c'est-à-dire de s'inscrire dans une chaîne de transmission, même brisée.

Lien adoptif : espace de dette sans fin

La trajectoire de Julie illustre avec acuité les effets insidieux du mythe du « sauvetage bienveillant » qui entoure souvent l'adoption. À travers les discours répétés « tu as eu de la chance », « tu as été sauvée », « tu dois être reconnaissante », s'installe une injonction implicite à la gratitude. Cette injonction, sous couvert de bienveillance, agit comme un verrou symbolique : elle interdit l'expression du manque, de la perte, de la douleur. Elle impose à l'adopté·e une posture de redevabilité permanente, comme si l'amour reçu devait être payé par le silence sur ce qui a été perdu. En intériorisant cette attente sociale, Julie sourit, remercie, s'efforce de ne pas décevoir. Mais, derrière cette conformité, une autre voix, plus intime, plus fragile, murmure : « et si j'avais aussi perdu quelque chose ? »

Cette question, pourtant fondatrice, reste inavouable. En effet, la poser, ce serait risquer de passer pour ingrate, voire de trahir ceux qui l'ont accueillie. C'est dans ce sens que Julie se tait. Mais ses rêves, eux, parlent. Ils disent l'absence, l'énigme de l'origine, la quête d'un nom. Elle se sent « comme un cadeau sans étiquette » une image poignante de l'effacement symbolique de son histoire première, de son inscription dans une lignée interrompue. Ce que Julie réclame, ce n'est pas un rejet de l'amour reçu, mais le droit de penser sa perte, de nommer ce qui a été tu, de faire coexister ses deux appartenances. Elle ne veut pas choisir entre deux mondes, mais les habiter tous les deux, dans une continuité symbolique qui reconnaît la complexité de son histoire. En cela, elle incarne la tension constitutive du lien adoptif : un lien qui, loin d'être une simple substitution de filiation, est traversé par des silences, des loyautés partagées, des dettes invisibles.

L'histoire de Julie, comme celle d'autres adolescents adoptés, met en évidence une structure commune du lien adoptif. Ce lien n'est pas seulement une relation affective entre parents et enfants. Il est aussi un espace complexe, traversé par des sentiments de culpabilité, des silences, et une quête de sens. Ces éléments ne sont pas toujours visibles, mais ils marquent profondément l'expérience subjective des jeunes adoptés. En effet, l'adoption est souvent présentée comme une réparation, une solution à une situation de rupture ou d'abandon. Pourtant, cette vision masque une réalité plus nuancée. L'adoption ne remplace pas simplement une filiation par une autre. Elle articule deux histoires différentes : celle de la famille d'origine et celle de la famille adoptive. Elle relie aussi deux transmissions : l'une biologique, l'autre symbolique. Enfin, elle met en présence deux absences : l'absence des origines et l'absence d'un passé partagé avec la famille adoptive.

À travers la dette sans fin qui se joue dans l'histoire de Julie, il apparaît que la transmission psychique joue un rôle essentiel dans le lien adoptif. Si la transmission psychique en situation d'adoption est marquée par des manques, des secrets ou des non-dits, elle continue d'agir. Elle se manifeste dans les rêves, les émotions, les comportements, parfois même dans les symptômes. Les adolescents adoptés portent en eux une mémoire invisible. Cette mémoire n'est pas toujours consciente, mais elle influence leur manière de se penser et de se raconter. Cette mémoire prend souvent la forme d'une dette symbolique. Les jeunes adoptés sentent qu'ils doivent être reconnaissants envers leurs parents adoptifs. Ils peuvent avoir peur de décevoir, ou de paraître ingrats s'ils expriment leur souffrance ou leurs questions. Pourtant, pour se construire, ils ont besoin de pouvoir dire leur histoire, même si elle est incomplète ou douloureuse. Ils cherchent à transformer cette dette en récit, à donner un sens à ce qu'ils ont vécu. Dans ce sens, le lien adoptif ne peut être réduit à une simple donnée administrative ou juridique. Il doit être pensé comme un processus psychique, une élaboration subjective. C'est en reconnaissant cette complexité que l'on peut accompagner les adolescents adoptés dans leur cheminement. Leur permettre de parler, d'interroger leur passé, c'est leur offrir la possibilité de devenir auteurs de leur propre histoire.

En donnant voix à aux adolescents présent dans des configurations familiales adoptives, ce chapitre a permis de saisir comment la transmission psychique, qu'elle soit verbalisée, cryptée ou agie, opère silencieusement dans la construction des représentations de soi, dans les liens aux figures parentales, et dans les modalités d'appartenance à une histoire familiale. Loin d'être une simple réorganisation des places au sein de la famille, l'adoption se révèle comme un processus psychique complexe, traversé par des héritages affectifs, des dettes symboliques et des quêtes de sens qui engagent le sujet dans une élaboration identitaire souvent laborieuse. À Yaoundé, ces récits s'inscrivent dans une trame culturelle singulière, où les logiques de filiation, de nomination et de mémoire familiale ne répondent pas aux seuls modèles occidentaux de l'adoption, mais mobilisent des référents coutumiers, des pratiques de parenté élargie, et des dynamiques de transmission implicite. Le nom, la place dans la lignée, les figures d'ancêtres ou les récits familiaux constituent autant de vecteurs symboliques qui orientent le travail psychique de l'adolescent adopté. Dans ce contexte, l'écoute clinique ne saurait se réduire à une posture technique : elle devient un acte de reconnaissance, une manière de soutenir l'émergence du sujet dans sa singularité, tout en lui offrant la possibilité de se relier à une histoire, de se réinscrire dans une filiation, et de transformer les traces du passé en ressources symboliques. Ainsi, ce chapitre propose de penser l'adoption non comme une rupture, mais comme une potentialité de reconfiguration, à condition que la parole puisse circuler, que les regards puissent se décaler, et que le sujet puisse être accueilli dans la complexité de son devenir.

Chapitre 7

GUÉRIR LA LIGNÉE : PERSPECTIVES CLINIQUES ET THÉRAPEUTIQUES

L'adoption convoque des questions fondamentales de filiation, de transmission, de perte, de loyauté, et de construction de soi. Elle met en jeu des histoires souvent marquées par des ruptures précoces, des abandons, des secrets, ou des silences, qui laissent des empreintes durables dans la psyché des sujets concernés. Ces empreintes, très souvent muettes, parfois bruyantes, se manifestent sous forme de symptômes, de répétitions, de conflits de loyauté ou de quêtes identitaires intenses. Elles traversent les générations, s'inscrivent dans les corps et les récits, et peuvent entraver la possibilité de se sentir pleinement inscrit dans une lignée, une histoire, un monde. Dans ces aménagements psychiques, les familles adoptives comme les professionnels de soins se trouvent confrontés à des impasses. Comment accueillir un enfant porteur d'une histoire que l'on ne connaît pas ou que l'on redoute ? Comment soutenir un adolescent en quête de ses origines sans le confronter à de nouvelles blessures ? Comment entendre les silences, les colères, les retraits, sans les interpréter trop vite comme des troubles, mais comme des tentatives de dire l'indicible ? Ces situations exigent une écoute fine, une disponibilité psychique, et une capacité à penser l'invisible, l'irreprésentable, voire l'irreprésenté. Ce qui appelle à une clinique du lien, attentive aux mouvements transférentiels, aux effets de la transmission inconsciente, et aux enjeux de subjectivation à l'œuvre dans le processus adoptif. À travers ce chapitre, l'on se propose d'explorer les dimensions cliniques et thérapeutiques de ce qu'il est convenu d'appeler ici « guérir la lignée ». Expression métaphorique, elle désigne un travail de reconnaissance, de symbolisation et de transformation des traces psychiques laissées par les ruptures, les secrets, les abandons ou les traumas liés à l'histoire adoptive. Dans la pratique, il ne s'agit pas de réparer un passé ou de combler un manque, mais de permettre à ce passé de devenir pensable, transmissible, et porteur de sens. Guérir la lignée, c'est ouvrir un espace où les histoires disjointes peuvent se rencontrer, où les filiations blessées peuvent être réinscrites dans une continuité symbolique, et où les sujets peuvent se réapproprier leur histoire sans en être prisonniers.

Le travail clinique du lien adoptif implique une démarche plurielle, qui articule les niveaux individuel, familial et institutionnel. Il s'agit de penser l'accompagnement non seulement à l'échelle du sujet, mais aussi dans une perspective transsubjective, où les enjeux de transmission, de dette, de filiation et de reconnaissance mutuelle prennent tout leur sens. Cette approche suppose de tenir ensemble les dimensions intrapsychiques et intersubjectives, les conflits internes et les dynamiques relationnelles, les héritages inconscients et les constructions sociales de la parentalité et de l'enfance. Car guérir la lignée, c'est permettre à chacun de trouver sa place dans une histoire qui, bien que marquée par des ruptures, peut devenir source de sens, de continuité et de subjectivation. C'est reconnaître que l'adoption n'efface pas le passé, mais qu'elle peut en faire un lieu de transformation, de rencontre et de création. C'est enfin affirmer que, même dans les histoires les plus blessées, il est possible de tisser du lien, de transmettre autrement, et de faire advenir du sujet.

L'APPROCHE PSYCHOGÉNÉALOGIQUE DANS LA PRATIQUE CLINIQUE

L'approche psychogénéalogique constitue un levier essentiel pour appréhender les dynamiques de transmission, de filiation et de subjectivation à l'œuvre dans les parcours adoptifs. En révélant les héritages inconscients, les loyautés silencieuses et les échos transgénérationnels qui traversent les histoires familiales, elle ouvre des voies d'élaboration thérapeutique précieuses pour les professionnels comme pour les familles. Afin de favoriser une intégration clinique de cette approche, nous proposons ici quatre axes complémentaires : l'exploration des lignées, la mise en récit de l'histoire adoptive, l'analyse des résonances familiales, et le soutien aux processus de subjectivation.

Explorer les héritages invisibles : la transmission transgénérationnelle

L'approche psychogénéalogique s'appuie sur l'idée que chaque individu est traversé par des mémoires familiales inconscientes. Ces mémoires ne sont pas toujours verbalisées ni même connues, mais elles influencent les choix, les comportements, les affects et les relations. Elles se transmettent de génération en génération, parfois sous forme de répétitions, de symptômes, ou de silences. Dans le cadre de l'adoption, cette transmission psychique prend une forme particulière, car elle est double. L'enfant adopté hérite à la fois de l'histoire de sa famille d'origine et de celle de sa famille adoptive, qui peut elle-même porter des blessures anciennes, des deuils non faits, ou des attentes inconscientes. Cette double appartenance crée une complexité spécifique dans le travail clinique. Il ne s'agit pas seulement d'accompagner un enfant dans la construction de son identité, mais aussi de prendre en compte les effets de ces transmissions croisées. Le clinicien est ainsi amené à repérer ce que l'on appelle les « loyautés invisibles » : des fidélités inconscientes à des figures absentes, à des souffrances passées, ou à des places assignées dans la lignée. Il s'agit aussi d'identifier les répétitions symptomatiques, les prénoms ou dates qui reviennent de manière signifiante, les secrets de famille, ou encore les exclus du récit familial. Ces éléments peuvent peser sur le développement de l'enfant et sur les dynamiques relationnelles au sein de la famille adoptive.

Un outil central dans l'approche psychogénéalogique est l'arbre généalogique symbolique, également appelé génosociogramme. Contrairement à un arbre généalogique classique, qui se limite à une représentation factuelle des liens de parenté (noms, dates, filiations), le génosociogramme est un outil clinique projectif et narratif. Il permet de cartographier les dynamiques relationnelles, les événements marquants, les ruptures, les répétitions, les secrets, les deuils non faits, les exclusions, ainsi que les transmissions inconscientes qui traversent les générations. Il s'agit d'un support vivant, évolutif, qui donne forme à ce qui, souvent, échappe à la conscience ou au langage. Dans le contexte de l'adoption, cet outil prend une valence particulière, car il permet de travailler simultanément sur deux lignées : celle de la famille d'origine de l'enfant, et celle de la famille adoptive. Même lorsque les informations sur la famille biologique sont lacunaires ou absentes, le génosociogramme peut intégrer ces zones d'ombre comme des éléments signifiants à part entière. L'absence devient alors un objet de travail clinique, un lieu de projection, de fantasme, mais aussi de possible élaboration. Le génosociogramme permet ainsi de donner une place symbolique à ce qui a été tu, perdu, ou idéalisé, et de soutenir un processus de subjectivation à partir de cette reconnaissance.

En retraçant les histoires familiales, en identifiant les résonances entre les générations, les patients peuvent commencer à relier leurs vécus actuels à des événements passés, parfois oubliés ou méconnus. Cette mise en lien permet de sortir de la répétition inconsciente, de nommer ce qui pesait sans forme, et d'ouvrir un espace de symbolisation. Le génosociogramme devient alors un outil de médiation entre le passé et le présent, entre l'individuel et le transgénérationnel, entre le vécu et le représenté. Pour les familles adoptives, l'usage du génosociogramme implique également une réflexion sur leur propre histoire familiale. L'accueil d'un enfant adopté ne se fait jamais dans un vide psychique : il s'inscrit dans une lignée, dans un désir, dans une histoire singulière. L'enfant peut venir occuper une place laissée vacante (enfant perdu, non-né, idéalisé), ou être investi d'un projet de réparation implicite. Le génosociogramme permet de mettre en lumière ces attentes inconscientes, ces identifications projectives, ces résonances parfois douloureuses entre les deux histoires familiales. Il devient alors possible de désintriquer les places, de différencier les vécus, et de soutenir une rencontre véritable entre l'enfant et sa famille adoptive.

Les résonances entre les deux lignées biologique et adoptive peuvent en effet être sources de malentendus, de conflits, ou de projections. Mais elles peuvent aussi ouvrir des espaces de transformation, si elles sont reconnues, pensées, et travaillées dans un cadre thérapeutique contenant. Le génosociogramme, en tant qu'outil de visualisation et de narration, facilite cette élaboration partagée. Il permet de passer d'une logique de réparation implicite à une logique de reconnaissance mutuelle, où chacun peut trouver sa place dans une histoire commune, sans effacer son histoire propre. En ce sens, l'approche psychogénéalogique invite à une écoute élargie, qui dépasse les symptômes individuels pour interroger les logiques de transmission, les dettes symboliques, les places assignées ou refusées dans la lignée. Elle soutient un travail d'élaboration partagé, où le clinicien, la famille et l'enfant peuvent co-construire un récit plus habitable, plus souple, et plus porteur de sens. Le génosociogramme devient alors un outil de subjectivation, au service d'un lien adoptif plus conscient, plus libre, et plus vivant.

Mettre en récit l'histoire adoptive : du silence au récit partagé

L'adoption confronte souvent les familles et les professionnels à des zones d'ombre. Ces zones correspondent à des pans entiers de l'histoire de l'enfant qui restent inconnus, flous ou non transmis. Il peut s'agir de l'identité des parents biologiques, des circonstances de l'abandon, des conditions de vie avant l'adoption, ou encore des premières années de développement. Ces absences d'informations ne sont pas neutres : elles peuvent devenir des foyers d'angoisse, de confusion ou de fantasmes chez l'enfant. Elles peuvent aussi générer, chez les parents adoptifs, un sentiment d'impuissance, de malaise ou de culpabilité, notamment lorsqu'ils se sentent démunis face aux questions de l'enfant ou aux manifestations de sa souffrance. Dans ce contexte, l'approche psychogénéalogique propose de travailler la narration de l'histoire adoptive, même lorsqu'elle est incomplète ou incertaine. Il ne s'agit pas de reconstituer une vérité historique inaccessible, mais de construire un récit suffisamment cohérent et symboliquement habitable. Ce récit peut s'appuyer sur les éléments connus, mais aussi sur des hypothèses prudentes, des ressentis, des représentations, et les affects qui y sont liés. L'objectif est de permettre à l'enfant de se représenter son histoire, de lui donner une forme, même partielle, et de s'y inscrire comme sujet.

Plusieurs dispositifs peuvent soutenir ce travail de mise en récit. Le livre de vie, par exemple, est un support matériel dans lequel sont rassemblés des photos, des documents, des dessins, des mots, des souvenirs racontés. Il permet à l'enfant de visualiser son parcours, de poser des repères, et de construire une continuité entre les différentes étapes de sa vie. Les objets transitionnels narratifs peuvent également servir de médiateurs pour évoquer des souvenirs, des liens ou des absences. Enfin, les entretiens de mise en récit, menés avec un professionnel, offrent un espace sécurisé pour que l'enfant et ses parents puissent explorer ensemble les zones floues de l'histoire, poser des mots sur les silences, et élaborer un récit partagé. Il est essentiel de souligner que ce travail ne vise pas à « combler » les vides à tout prix. Il ne s'agit pas de fabriquer une histoire fictive pour rassurer, ni de forcer l'enfant à adhérer à un récit qui ne serait pas le sien. L'enjeu est plutôt de donner une forme symbolique à l'absence, de reconnaître ce qui manque sans le nier, et de permettre à l'enfant de construire une représentation de lui-même qui intègre ces manques. Pour les parents, cela suppose une posture d'accompagnement respectueuse, qui évite les projections, les idéalisations ou les tentatives de réparation implicite. Il s'agit d'accueillir les questions sans vouloir toujours y répondre, de soutenir l'élaboration sans imposer une version unique de l'histoire.

La narration de l'histoire adoptive, même lorsqu'elle demeure partielle ou incertaine, constitue un levier thérapeutique fondamental dans l'accompagnement des enfants adoptés et de leurs familles. En effet, l'adoption est souvent marquée par des discontinuités biographiques, des zones d'ombre, voire des ruptures dans la chaîne de transmission symbolique. Ces discontinuités peuvent entraver la construction d'un récit de soi cohérent, et générer des sentiments de vide, de confusion ou de non-appartenance. Dans ce contexte, la mise en récit permet de réintroduire du sens là où il y avait de l'opacité, et de soutenir un processus de subjectivation. Sur le plan psychique, la narration joue un rôle de médiation entre l'expérience vécue et sa représentation. Elle permet de transformer l'absence en une présence symbolique. Ce travail de symbolisation ne vise pas à combler les manques, mais à leur donner une forme, une place dans le récit, afin qu'ils cessent d'agir de manière silencieuse et désorganisante. En ce sens, la parole vient métaboliser le silence, et le récit vient relier les fragments d'histoire en une trame plus continue, plus habitable.

Pour l'enfant, l'élaboration narrative offre un espace psychique où il peut penser son histoire, se l'approprier, et y inscrire sa singularité. Elle lui permet de passer d'une position d'objet de décisions extérieures à celle de sujet capable de se représenter, de raconter et de transformer son vécu. Pour les parents adoptifs, ce travail de narration constitue une opportunité de se situer dans une relation vivante avec l'enfant, en reconnaissant la complexité de son histoire sans chercher à la nier, à la simplifier ou à la remplacer. Il s'agit d'ouvrir un espace de dialogue où les questions peuvent être accueillies, les incertitudes partagées, et les affects mis en mots. La narration de l'histoire adoptive engage ainsi une dynamique évolutive, qui se construit dans le temps, au rythme du développement de l'enfant et des mouvements psychiques de la famille. Elle suppose une posture clinique fondée sur l'écoute, la co-construction et le respect des temporalités subjectives. Elle peut s'appuyer sur des médiations diverses qui facilitent l'expression et la mise en forme du récit. En favorisant l'émergence d'une parole singulière, cette démarche contribue à restaurer la continuité du lien, à pacifier les mémoires, et à soutenir l'inscription du sujet dans une histoire qui, bien que marquée par des ruptures, peut devenir source de sens et de transformation.

Identifier les résonances familiales : quand les histoires se croisent

Dans le cadre de l'adoption, il arrive que l'enfant devienne, sans le vouloir ni le savoir, le porteur de conflits ou de deuils non résolus au sein de sa famille adoptive. Il peut être investi de manière inconsciente par des attentes, des projections ou des idéaux qui ne lui appartiennent pas. Par sa seule présence, il peut réactiver des blessures anciennes, des pertes non élaborées, ou des tensions familiales restées latentes. Ces phénomènes relèvent de ce que la clinique psychogénéalogique nomme les « résonances transgénérationnelles » : des échos entre les histoires individuelles et les dynamiques collectives, qui influencent les places, les rôles et les affects au sein du système familial. L'approche psychogénéalogique permet de mettre en lumière ces résonances. En effet, elle invite à interroger les liens entre les trajectoires personnelles des membres de la famille et les héritages inconscients qui les traversent. Dans cette perspective, l'enfant adopté n'est pas seulement un sujet à accompagner dans sa propre histoire, mais aussi un révélateur des zones sensibles de la lignée adoptive. Il peut, par exemple, raviver le souvenir d'un enfant perdu, d'un parent idéalisé ou rejeté, ou encore réactiver des conflits de loyauté non résolus. Ces effets ne sont pas pathologiques en soi, mais ils nécessitent d'être reconnus, pensés et élaborés dans un cadre thérapeutique adapté.

Pour accompagner les distorsions du lien adoptif, le clinicien peut proposer différents dispositifs thérapeutiques. Les entretiens familiaux élargis permettent d'ouvrir un espace de parole à plusieurs générations, en incluant parfois des grands-parents, des oncles, des tantes ou d'autres figures significatives. Ces échanges favorisent la mise en récit des histoires familiales, la reconnaissance des non-dits, et la circulation de la parole autour des événements marquants. Les groupes de parole intergénérationnels, quant à eux, offrent un cadre collectif où les expériences peuvent être partagées, mises en perspective, et symbolisées à plusieurs voix. Enfin, les ateliers de constellation familiale, lorsqu'ils sont menés dans une perspective clinique rigoureuse et éthiquement encadrée, permettent de représenter les places, les liens et les tensions au sein du système familial, et d'en explorer les effets inconscients. Ces dispositifs ont pour fonction de désintriquer les nœuds relationnels, c'est-à-dire de différencier les vécus, les affects et les places de chacun. Ils permettent de redistribuer les rôles familiaux de manière plus juste et plus consciente, en évitant que l'enfant adopté ne soit assigné à une fonction réparatrice ou sacrificielle. En restaurant une circulation symbolique entre les générations, ils contribuent à apaiser les tensions, à reconnaître les blessures anciennes, et à soutenir un lien familial plus souple, plus vivant, et plus respectueux des singularités.

L'approche psychogénéalogique permet de relier les expériences individuelles aux dynamiques familiales plus larges. Elle considère que les difficultés rencontrées par un enfant ne peuvent être comprises isolément, mais doivent être replacées dans une histoire familiale marquée par des transmissions conscientes et inconscientes. Dans le contexte de l'adoption, cette perspective est particulièrement pertinente, car elle permet de prendre en compte à la fois l'histoire de l'enfant, celle de sa famille d'origine, et celle de sa famille adoptive. En articulant les dimensions individuelles et transgénérationnelles, cette approche aide à mieux comprendre les enjeux relationnels spécifiques à l'adoption. Elle met en lumière les effets des ruptures, des pertes, des secrets ou des non-dits qui traversent les générations. Elle permet aussi de repérer les attentes implicites, les identifications projectives ou les loyautés invisibles qui peuvent peser sur l'enfant adopté. Ces éléments, s'ils ne sont pas reconnus, peuvent alimenter des malentendus, des conflits ou des souffrances silencieuses au sein de la famille.

L'un des apports majeurs de l'approche psychogénéalogique est de permettre de penser l'enfant non pas comme un symptôme ou un porteur de troubles, mais comme un sujet en devenir. L'enfant adopté est souvent pris dans des enjeux qui le dépassent : il peut être investi de manière inconsciente comme celui qui doit réparer une blessure familiale, combler un vide, ou incarner un idéal. L'approche psychogénéalogique invite à sortir de ces assignations implicites, pour reconnaître l'enfant dans sa singularité, avec son histoire propre, ses ressources et ses vulnérabilités. En ce sens, l'enfant est vu comme un acteur de transformation. En entrant dans une nouvelle lignée, il vient parfois réveiller des mémoires enfouies, des conflits non résolus ou des deuils inachevés. Mais il peut aussi, à travers le travail thérapeutique, devenir un catalyseur de changement pour l'ensemble de la famille. En mettant en récit son histoire, en trouvant sa place dans la lignée adoptive sans renier celle d'origine, il contribue à réorganiser les liens familiaux et à ouvrir de nouvelles possibilités de transmission. Ainsi, l'approche psychogénéalogique propose un cadre d'élaboration qui respecte la complexité des histoires adoptives, et qui soutient un processus de subjectivation à la fois individuel et collectif. Aussi permet-elle de restaurer une continuité symbolique entre les générations, et d'accompagner l'émergence d'un lien familial plus conscient, plus souple et plus vivant.

Soutenir la subjectivation : de la dette à la création

L'un des enjeux fondamentaux de l'approche psychogénéalogique consiste à transformer ce que l'on appelle la dette inconsciente en un processus d'élaboration subjective. La dette inconsciente désigne l'ensemble des charges psychiques héritées des générations précédentes que le sujet porte sans en avoir pleinement conscience. Dans le contexte de l'adoption, cette dette peut être d'autant plus lourde qu'elle se double d'une double appartenance familiale, et qu'elle s'inscrit dans une histoire marquée par des ruptures, des pertes et des silences. Transformer cette dette en élaboration subjective signifie permettre à l'enfant adopté, devenu adolescent puis adulte, de se réapproprier son histoire. Il s'agit de l'aider à la penser, à la raconter, à la mettre en forme, et à en faire un matériau de construction identitaire. Ce travail ne peut se faire que dans un cadre thérapeutique contenant, qui soutient l'expression, la symbolisation et la créativité. L'objectif n'est pas d'effacer le passé, ni de le réécrire, mais de le rendre habitable, transmissible, et porteur de sens.

Pour accompagner la transformation de la dette symbolique à une création contenante, différents outils thérapeutiques peuvent être mobilisés. Les écrits autobiographiques accompagnés permettent au sujet de mettre en mots son histoire, de relier les événements, de nommer les émotions, et de construire une narration personnelle. Ces écrits peuvent être guidés par un professionnel, dans un cadre individuel ou groupal, et faire l'objet d'un travail de lecture, de reprise et de mise en perspective. Aussi, les ateliers d'expression créative offrent un autre espace d'élaboration. À travers le dessin, la peinture, le collage, l'écriture libre ou le modelage, l'enfant ou l'adolescent peut exprimer des éléments de son vécu qui ne trouvent pas encore leur place dans le langage verbal. Ces formes d'expression permettent de contourner les défenses, de mobiliser l'imaginaire, et de donner forme à des éprouvés parfois indicibles. Enfin, les séances de médiation symbolique, telles que le photolangage, le théâtre thérapeutique ou les jeux de rôle, facilitent la mise en scène des conflits internes, des identifications complexes ou des scénarios familiaux intériorisés. Ces dispositifs permettent de rejouer, de déplacer, voire de transformer les représentations héritées, en ouvrant un espace de création et de liberté psychique.

L'ensemble des outils mobilisés dans l'approche psychogénéalogique vise à soutenir un processus de création à partir de l'histoire reçue. Il ne s'agit pas d'effacer le passé, ni à rompre avec les lignées familiales, mais à leur donner une place dans un récit personnel. De manière pratique, il s'agit d'aider le sujet à reconnaître les héritages qui le traversent, tout en construisant une histoire qui lui soit propre, singulière et assumée. Dans le contexte de l'adoption, cette démarche prend une dimension particulière. L'enfant adopté est souvent confronté à des fragments d'histoire, à des absences, à des récits partiels ou idéalisés. Il peut aussi porter, sans le savoir, des attentes ou des dettes symboliques issues de sa famille d'origine ou de sa famille adoptive. L'approche psychogénéalogique propose de transformer ces héritages silencieux en matériaux de pensée, en éléments de récit, en ressources pour la construction de soi. Le procédé en œuvre ici repose clairement sur la possibilité de relier les générations sans s'y confondre, de reconnaître les transmissions sans les subir, et de transformer les répétitions en créations. En ce sens, le sujet devient capable de faire de son histoire une ressource pour vivre autrement, pour se projeter, et pour transmettre à son tour quelque chose de différent. Il s'inscrit ainsi dans une continuité symbolique, non pas figée ou imposée, mais vivante, choisie, et ouverte à la transformation de la culpabilité latente dans le lien adoptif.

RECONNAITRE LES TRANSMISSIONS : DE LA CULPABILITÉ À LA SYMBOLISATION

Dans les parcours familiaux et éducatifs, certaines souffrances se transmettent sans mots, à travers les gestes, les silences ou les attentes implicites. Ces transmissions, souvent inconscientes, peuvent peser sur les enfants et les adolescents, qui en portent les effets sans toujours en comprendre l'origine. La culpabilité surgit alors comme une réponse confuse à un héritage émotionnel non nommé. Reconnaître ces transmissions, c'est ouvrir un espace pour les penser, les nommer et les transformer. Ce processus de symbolisation permet de redonner du sens à ce qui a été vécu, et de soutenir un travail thérapeutique respectueux des histoires singulières. Il s'agit ici de proposer des repères et des outils pour accompagner ce mouvement, tant pour les professionnels que pour les familles.

Identifier les transmissions silencieuses : entre héritage et méconnaissance

Dans les parcours adoptifs, les transmissions psychiques ne passent pas toujours par les mots. Elles s'inscrivent dans des formes de communication implicites, souvent non verbalisées, qui traversent les générations. Ces transmissions peuvent se manifester à travers les affects, les gestes, les silences, les regards, ou encore les attentes non dites. Elles ne relèvent pas d'un discours conscient, mais d'un langage émotionnel et corporel qui s'imprime dans la relation. Ce sont des messages sans énoncé, mais porteurs d'une charge affective et symbolique puissante. Dans le contexte de l'adoption, ces transmissions peuvent provenir de deux histoires familiales distinctes : celle de la famille d'origine et celle de la famille adoptive. La première, bien que souvent absente physiquement, continue d'agir à travers les traces laissées par l'abandon, la séparation, ou les traumatismes initiaux. La seconde, la famille adoptive, peut à son tour transmettre des éléments de son propre passé, de ses blessures ou de ses désirs inconscients, notamment autour de la parentalité, de la réparation ou de l'idéal familial.

Entre l'avant-coup et l'après-coup, l'enfant en situation d'adoption se trouve au croisement de deux héritages. Ce qui fait de lui le socle des marques de ruptures précoces, de deuils non élaborés ou de vécus traumatiques, sans en avoir une représentation claire. Ces expériences, bien qu'antérieures à son arrivée dans la famille adoptive, continuent à résonner en lui. Aussi peuvent-elles se traduire par des angoisses diffuses, des troubles du comportement, des difficultés à entrer en relation ou à se sentir en sécurité dans les liens. Il ne s'agit pas d'un savoir transmis de manière explicite, mais d'un vécu incorporé, souvent énigmatique, qui s'exprime à travers le corps, les émotions ou les répétitions relationnelles. Ce type de transmission met en jeu ce qu'il est convenu d'appeler des « fantômes » ou des « secrets de famille » qui renvoient aux éléments non-dits, non pensés, mais qui circulent et s'imposent dans la dynamique familiale. Dans le fonctionnement des configurations familiales adoptives, l'enfant apparaît comme le porte-symptôme de ce qui n'a pas pu être symbolisé par les générations précédentes.

De leur côté, les parents adoptifs ne sont pas seulement porteurs d'un projet parental. Ils sont aussi traversés par leur propre histoire psychique, faite de désirs, de manques, de blessures parfois anciennes. Même lorsqu'ils sont animés par une volonté sincère d'offrir un foyer aimant et sécurisant, ils peuvent, à leur insu, transmettre à l'enfant des éléments non élaborés de leur passé. Ces transmissions peuvent prendre la forme de deuils non résolus, de blessures narcissiques liées à l'infertilité, ou encore d'attentes idéalisées vis-à-vis de l'enfant adopté. Ce dernier peut alors être investi comme un enfant « réparateur », chargé de combler un vide, de redonner sens à une histoire douloureuse, ou de répondre à un idéal parental inconscient. Un ensemble de dynamiques qui sont de nature à influencer la manière dont les parents investissent leur rôle. En effet, certains peuvent développer une tendance à la surprotection, dans une volonté de compenser les souffrances passées de l'enfant ou leurs propres insécurités. D'autres, au contraire, peuvent attendre de l'enfant qu'il réussisse, qu'il s'adapte parfaitement, qu'il corresponde à une image idéalisée de l'enfant attendu. Dans les deux cas, l'enfant peut se sentir pris dans un mouvement qui ne lui appartient pas entièrement, et qui peut entraver son propre processus de subjectivation. Dans la pratique il est essentiel, dans l'accompagnement thérapeutique, d'aider les parents à prendre conscience de ces mouvements inconscients. Ce qui ne vise ni à les culpabiliser ni à remettre en question leur engagement, mais à leur offrir un espace de réflexion sur ce qui se rejoue dans la relation avec l'enfant.

Des outils tels que les entretiens cliniques centrés sur l'histoire parentale, les génogrammes, ou les dispositifs de groupe entre parents peuvent permettre de lever le bouclier sur certaines assignations implicites, et d'ouvrir un espace plus libre pour la construction du lien adoptif. Aussi permettent-ils d'explorer les représentations parentales, de repérer les attentes inconscientes, et de soutenir un travail de symbolisation autour du désir d'enfant et de la parentalité adoptive. En effet, au jour de la pathologie du lien en situation d'adoption, le travail clinique vise à rendre visibles les transmissions invisibles, à identifier les répétitions, les scénarios familiaux récurrents, les affects disproportionnés ou les zones de silence. Des indices qui permettent de repérer ce qui se rejoue dans la relation, sans avoir été nommé. Ce qui peut être rendu possible à travers l'arbre généalogique symbolique qui permet de cartographier les liens, les ruptures et les absences, en intégrant les deux histoires familiales. De plus, les entretiens narratifs offrent un espace pour que chacun puisse raconter son histoire, avec ses zones d'ombre et ses points de bascule. L'observation clinique du lien enfin permet de saisir ce qui se transmet au-delà des mots à travers les interactions, les jeux et les gestes.

Accueillir la culpabilité parentale : entre idéalisation et ambivalence

La culpabilité est une émotion fréquente dans les familles adoptives. Elle peut prendre différentes formes et s'enraciner dans des expériences personnelles, sociales ou transgénérationnelles. Pour certains parents, elle est liée à l'impossibilité d'avoir un enfant biologique, vécue comme une blessure intime ou une atteinte à leur sentiment de complétude. Pour d'autres, elle peut naître du sentiment d'avoir « pris » l'enfant à une autre famille, en particulier lorsque l'histoire de l'adoption est marquée par l'abandon, la précarité ou la violence. Enfin, certains parents peuvent éprouver une culpabilité plus diffuse, liée à l'impression de ne pas être à la hauteur du rôle parental, ou de ne pas répondre aux attentes – réelles ou imaginées – de l'enfant ou de l'entourage. Cette culpabilité ne s'exprime pas toujours de manière consciente. Elle peut se manifester de façon indirecte, à travers des attitudes éducatives ou relationnelles. Par exemple, une tendance à la surprotection peut traduire une volonté de réparer une souffrance supposée de l'enfant, ou de compenser un manque perçu chez soi. Une difficulté à poser des limites peut exprimer la crainte de blesser ou de perdre l'amour de l'enfant. L'idéalisation de l'enfant, enfin, peut masquer une peur de l'échec ou une tentative de nier les conflits inhérents à toute relation parent-enfant.

Dans le contexte de l'adoption, la culpabilité est une émotion fréquente, souvent diffuse, parfois silencieuse, mais toujours signifiante. L'approche psychogénéalogique propose de ne pas la considérer comme un symptôme à éradiquer, mais comme un signal à écouter, un indicateur d'un travail psychique en cours. Elle invite à accueillir cette culpabilité sans jugement moral, en la replaçant dans une histoire plus vaste que celle de l'individu : celle des lignées familiales, des transmissions inconscientes et des héritages affectifs. Cette démarche repose sur l'idée que les familles, qu'elles soient biologiques ou adoptives, sont traversées par des transmissions transgénérationnelles. Celles-ci peuvent inclure des deuils non faits, des traumatismes refoulés, des secrets de famille ou des loyautés invisibles. Ces éléments, bien qu'ignorés consciemment, continuent d'agir dans le présent, influençant les liens, les choix et les émotions. Dans le cas de l'adoption, ces transmissions peuvent se complexifier : les parents adoptifs peuvent porter une histoire de perte ou de blessure (infertilité, deuils, ruptures), tandis que l'enfant arrive avec une histoire déjà marquée par l'abandon, la séparation ou la discontinuité.

La culpabilité qui traverse certaines familles adoptives ne naît pas d'un seul événement, mais souvent de la rencontre entre plusieurs histoires. Elle peut refléter un conflit de loyauté entre la famille d'origine et la famille adoptive, un sentiment d'illégitimité dans le rôle parental, ou encore une difficulté à se sentir pleinement autorisé à être parent. Parfois, cette culpabilité traduit une identification inconsciente à des figures absentes ou blessées : la mère biologique, des ancêtres oubliés, ou l'enfant idéalisé, tel qu'il aurait pu être dans une autre trajectoire. Dans cette perspective, la culpabilité ne doit pas être réduite à une émotion individuelle ou à une faute personnelle. Elle témoigne d'un réseau de liens invisibles, de mémoires familiales, de transmissions silencieuses. L'approche psychogénéalogique propose d'explorer cette culpabilité en retraçant les filiations, en donnant une place aux absents, en repérant les répétitions et les non-dits. À l'aide d'outils comme le génogramme, les récits familiaux ou les constellations, elle permet de faire émerger ce qui agit sans être nommé. Ce travail d'élucidation favorise une mise en sens. Il transforme la culpabilité en matière à penser, en ressource pour comprendre ce qui se rejoue dans la relation parent-enfant. En reliant cette émotion à une histoire plus large, les parents peuvent se libérer de certaines attentes inconscientes. Ils deviennent alors plus disponibles pour accueillir l'enfant tel qu'il est, sans lui demander de réparer une blessure ou de combler un vide. Ainsi, le lien adoptif peut se construire dans un espace plus souple, plus vivant, où chacun trouve sa juste place.

La culpabilité, lorsqu'elle traverse le lien adoptif, ne doit ni être niée ni figée. Elle mérite d'être accueillie comme une manifestation signifiante, révélatrice de tensions internes, de conflits de loyauté ou de blessures anciennes. Pour qu'elle devienne un levier de transformation plutôt qu'un frein au lien, il est essentiel de proposer des espaces d'élaboration adaptés, à la fois pour les familles et pour les professionnels qui les accompagnent. Parmi ces dispositifs, les groupes de parole entre parents adoptifs occupent une place centrale. Ils offrent un cadre sécurisant où chacun peut exprimer ses doutes, ses ambivalences, ses sentiments d'échec ou d'impuissance, sans crainte d'être jugé. Le partage d'expériences permet de sortir de l'isolement, de reconnaître la légitimité des émotions éprouvées, et de mettre en perspective les vécus individuels. Ces groupes favorisent une reconnaissance mutuelle, essentielle pour alléger le poids de la culpabilité et ouvrir un espace de pensée collective.

Les entretiens d'élaboration familiale, quant à eux, permettent de travailler les représentations et les affects qui circulent entre les membres de la famille. En mettant en mots les attentes, les malentendus, les peurs ou les idéaux, ces entretiens contribuent à restaurer la communication et à clarifier les positions subjectives de chacun. Ils offrent un cadre contenant où la parole peut circuler, où les émotions peuvent être accueillies et où les conflits peuvent être pensés plutôt que figés dans des comportements répétitifs. Pour les professionnels, les espaces de supervision clinique sont indispensables. L'accompagnement des familles adoptives mobilise des enjeux transférentiels complexes, souvent liés à la filiation, à la perte, à la réparation ou à la loyauté. La supervision permet de repérer ces résonances, d'analyser les mouvements contre-transférentiels, et de maintenir une posture clinique ajustée. Elle constitue un lieu de soutien, de réflexion éthique et de mise à distance, essentiel pour garantir la qualité de l'accompagnement.

L'ensemble de ces dispositifs vise un objectif commun : transformer la culpabilité en ressource de compréhension et de lien. En l'inscrivant dans une dynamique de symbolisation, il devient possible de relier cette émotion à une histoire, à une transmission, à un sens. La culpabilité cesse alors d'être un poids muet ou une entrave à la relation ; elle devient un point d'appui pour penser, pour dire, pour transmettre autrement. Ce travail favorise une parentalité plus consciente, plus souple, et une filiation adoptive plus vivante, où chacun peut se reconnaître sans être assigné à réparer les blessures de l'autre.

Travailler les conflits de loyauté : entre appartenance et division interne

L'enfant adopté se construit à partir d'un double héritage : celui de sa famille d'origine, souvent absente mais psychiquement présente, et celui de sa famille adoptive, concrètement investie dans son quotidien. Ce double ancrage peut devenir source de tension intérieure. La famille d'origine, bien que méconnue ou idéalisée, occupe une place symbolique forte. Elle représente les origines, les premières traces, parfois les blessures. La famille adoptive, quant à elle, incarne la sécurité, l'amour, la continuité. L'enfant est ainsi confronté à une forme de dualité identitaire, qui peut être difficile à penser et à vivre. Ce tiraillement peut générer ce que l'on nomme des conflits de loyauté. Ces conflits ne sont pas toujours conscients, mais ils influencent profondément la vie affective et relationnelle de l'enfant. Il peut ressentir qu'aimer ses parents adoptifs revient à trahir ses parents biologiques, ou que s'intéresser à ses origines constitue une forme d'infidélité. Ce dilemme intérieur peut être d'autant plus intense que l'entourage, souvent sans le vouloir, renforce cette opposition entre les deux familles, en valorisant l'une au détriment de l'autre, ou en évitant certains sujets.

Les conflits de loyauté se manifestent par des comportements ambivalents. L'enfant peut alterner entre des moments de grande proximité et des phases de retrait ou de rejet. Il peut chercher à plaire, à se conformer, puis exprimer une opposition soudaine, parfois violente. Ces attitudes ne traduisent pas un désamour ou un refus du lien, mais une tentative de préserver une forme d'équilibre intérieur face à des appartenances vécues comme incompatibles. Dans certains cas, l'enfant peut se replier sur lui-même, adopter une posture silencieuse, ou manifester une souffrance difficile à décoder. Il est essentiel que ces manifestations soient comprises comme des signaux d'un conflit identitaire, et non comme des troubles du comportement isolés. L'enfant a besoin d'être soutenu dans sa capacité à penser ses origines, à articuler ses appartenances, à se sentir autorisé à aimer sans trahir. Cela suppose que les adultes qui l'entourent puissent eux-mêmes reconnaître la complexité de cette situation, sans chercher à imposer une loyauté exclusive. Le travail thérapeutique consiste alors à ouvrir un espace de parole et de symbolisation, où l'enfant peut explorer ses représentations, ses émotions, ses fantasmes. Il s'agit de l'aider à construire une continuité psychique entre ses deux histoires, à relier ce qui a été vécu avant l'adoption avec ce qui se vit dans la famille actuelle. Ce processus d'intégration est fondamental pour le développement d'une identité stable, singulière et apaisée.

Dans le contexte de l'adoption, reconnaître les conflits de loyauté constitue une étape essentielle du travail thérapeutique. Ces conflits, souvent silencieux, peuvent peser lourdement sur l'enfant adopté. Ils traduisent une tension intérieure entre deux pôles d'appartenance : la famille d'origine, parfois idéalisée ou fantasmée, et la famille adoptive, concrètement investie dans le quotidien. Lorsque l'enfant se sent contraint de choisir entre ces deux mondes, il peut éprouver un sentiment de trahison, d'illégitimité ou de confusion identitaire. Offrir à l'enfant la possibilité de ne pas avoir à choisir, c'est lui permettre de construire une histoire qui intègre ses différentes appartenances, sans les opposer. Il ne s'agit pas de nier les tensions, mais de les penser, de les nommer, et de leur donner une place dans un récit cohérent. Cette reconnaissance passe par un triple mouvement : une mise en mots des ressentis, une mise en sens des expériences, et une mise en lien des fragments d'histoire souvent dispersés ou tus. Plusieurs dispositifs thérapeutiques peuvent accompagner ce processus d'intégration :

Les médiations familiales

Dans les parcours adoptifs, la médiation familiale constitue un dispositif précieux pour accompagner les tensions relationnelles, les incompréhensions ou les conflits latents qui peuvent émerger entre l'enfant et ses parents adoptifs. Elle offre un cadre structuré, sécurisé et tiers, dans lequel chacun peut exprimer ses ressentis, ses attentes, ses peurs ou ses blessures, sans être jugé ni interrompu. Ce cadre favorise une parole authentique, contenue par la présence d'un professionnel formé à l'écoute des enjeux psychiques et relationnels propres à l'adoption.

La médiation permet d'abord de nommer les tensions qui traversent la relation familiale. Ces tensions peuvent être liées à des malentendus, à des projections réciproques, ou à des conflits de loyauté non formulés. En mettant des mots sur ce qui se vit, mais ne se dit pas, la médiation contribue à désamorcer les interprétations erronées et à restaurer une communication plus ajustée. Elle permet également de clarifier les malentendus qui peuvent s'installer dans le quotidien familial. L'enfant peut, par exemple, interpréter certaines attitudes parentales comme des signes de rejet ou de désamour, alors qu'elles traduisent une inquiétude ou une maladresse. De leur côté, les parents peuvent se sentir démunis face à des comportements qu'ils perçoivent comme injustifiés ou incompréhensibles. La médiation aide à faire circuler la parole, à reformuler les intentions, et à rétablir une compréhension mutuelle.

Un autre enjeu central de la médiation est la reconnaissance des peurs, des blessures et des attentes de chacun. L'enfant peut exprimer ses doutes sur sa place dans la famille, ses questions sur ses origines, ou ses sentiments ambivalents. Les parents peuvent, eux, parler de leur propre insécurité, de leur désir de bien faire, ou de leur crainte de ne pas être aimés. Cette reconnaissance mutuelle permet de sortir des impasses relationnelles et de renforcer le lien d'attachement. Enfin, ce travail de mise en parole soutient un processus de symbolisation. En rendant pensables et partageables les vécus de chacun, la médiation contribue à transformer les affects bruts en représentations, et les conflits en objets de pensée. Elle favorise ainsi une meilleure régulation émotionnelle, une plus grande souplesse relationnelle, et un sentiment de sécurité affective renforcé, tant pour l'enfant que pour ses parents. La médiation familiale ne vise pas à résoudre tous les problèmes, mais à ouvrir un espace où le lien peut être travaillé, réajusté, et consolidé. Elle s'inscrit dans une démarche de soutien à la parentalité adoptive, en reconnaissant la complexité des enjeux en jeu, et en valorisant les ressources de chacun pour construire une relation vivante, évolutive et authentique.

Les ateliers d'expression symbolique (dessin, jeu, théâtre, marionnettes)

Dans le cadre de l'accompagnement des enfants adoptés, les ateliers d'expression symbolique occupent une place essentielle. Ils constituent des médiations thérapeutiques particulièrement adaptées aux enfants qui rencontrent des difficultés à verbaliser leurs émotions, leurs représentations ou leurs conflits internes. Ces ateliers mobilisent des supports variés comme dessin, jeu libre ou dirigé, théâtre, marionnettes, modelage qui permettent à l'enfant de s'exprimer autrement que par la parole, en mobilisant l'imaginaire, le corps et la créativité. Ces médiations offrent un accès indirect à la vie psychique. L'enfant peut y projeter ses ressentis, ses peurs, ses désirs ou ses conflits, sans être confronté à une exigence de formulation rationnelle ou cohérente. Le détour par le jeu ou la création permet de contourner les défenses, d'approcher des contenus émotionnels parfois trop douloureux ou trop confus pour être dits. Dans le contexte adoptif, où les appartenances multiples, les ruptures et les silences peuvent rendre l'histoire difficile à penser, ces espaces de symbolisation sont particulièrement précieux.

À travers le dessin, l'enfant peut représenter sa famille, ses origines, ses rêves ou ses inquiétudes. Les jeux de rôle ou les mises en scène théâtrales permettent d'explorer différentes positions subjectives, de rejouer des scènes familiales, ou d'imaginer d'autres issues à des situations vécues. Les marionnettes, en tant que figures intermédiaires, facilitent l'expression de conflits internes ou de sentiments ambivalents, en créant une distance protectrice entre l'enfant et ses affects. Ces ateliers permettent également de travailler les représentations des figures parentales. L'enfant peut y exprimer ses images de la mère biologique, du père adoptif, ou de lui-même dans la famille. Ces représentations, souvent fragmentées ou contradictoires, peuvent être mises en forme, partagées, et progressivement élaborées. Le professionnel, en accueillant ces productions sans les interpréter de manière intrusive, soutient le processus de symbolisation et favorise une meilleure intégration des différentes facettes de l'histoire de l'enfant. Ce travail contribue à renforcer son sentiment de continuité psychique, à apaiser les tensions internes, et à soutenir une construction identitaire plus stable et plus fluide.

Les séances de narration partagée

Dans le cadre de l'accompagnement des familles adoptives, les séances de narration partagée constituent un outil thérapeutique précieux. Elles visent à co-construire, avec l'enfant et ses parents, une histoire familiale élargie, c'est-à-dire une histoire qui tienne compte à la fois du passé de l'enfant, de ses origines, et de son présent dans la famille adoptive. Cette démarche repose sur l'idée que l'enfant a besoin d'un récit cohérent pour se représenter lui-même, se situer dans une filiation, et donner du sens à son parcours. L'un des enjeux majeurs de ces séances est d'inclure les figures d'origine, même lorsqu'elles sont absentes physiquement ou inconnues. Il ne s'agit pas de reconstituer une vérité historique exhaustive, mais de leur donner une place symbolique dans le récit familial. Cette reconnaissance permet à l'enfant de ne pas vivre ses origines comme un vide ou un tabou, mais comme une composante de son histoire, intégrée dans un récit plus large. En ce sens, la narration partagée ne menace pas le lien adoptif : au contraire, elle le renforce en le rendant plus souple, plus ouvert, et plus respectueux de la complexité du vécu de l'enfant.

Le travail narratif permet de relier les différentes strates de l'histoire de l'enfant : la naissance, la séparation, l'accueil dans la famille adoptive, les premières années, les questions identitaires. Il offre un cadre pour penser les ruptures, les silences, les zones d'ombre, mais aussi les continuités, les ressources et les liens affectifs. En mettant en récit ce qui a été vécu, même de manière fragmentaire ou douloureuse, la narration partagée soutient la continuité psychique de l'enfant. Elle l'aide à se percevoir comme un sujet unifié, malgré les discontinuités de son parcours. L'appropriation de son histoire passe par cette mise en mots, co-construite avec les parents, dans un cadre thérapeutique contenant. Le professionnel joue ici un rôle de tiers facilitateur : il soutient l'élaboration du récit, veille à la justesse des mots, et accompagne les mouvements émotionnels que cette narration peut susciter. Il s'agit d'un processus progressif, qui respecte le rythme de chacun, et qui peut s'appuyer sur des supports variés (photos, objets, dessins, frises chronologiques, carnets de vie). En permettant à l'enfant de se raconter avec ses parents, la narration partagée favorise une reconnaissance mutuelle. Elle ouvre un espace où les émotions peuvent être accueillies, les questions entendues, et les réponses construites ensemble. Ce travail contribue à apaiser les conflits de loyauté, à renforcer le sentiment d'appartenance, et à soutenir une identité plus stable, plus intégrée, et plus vivante.

Symboliser pour transformer : du poids hérité à la parole singulière

Dans le cadre de l'accompagnement thérapeutique, le passage de la culpabilité à la symbolisation représente une étape essentielle. Lorsque la culpabilité n'est ni pensée ni élaborée, elle agit comme une force silencieuse qui freine le développement psychique du sujet. Elle peut avoir été transmise inconsciemment à travers les générations, ou provenir de conflits internes non résolus. Tant qu'elle reste sans forme, elle s'exprime par des émotions vagues, des comportements répétitifs ou des blocages durables. Elle maintient le sujet dans une position figée, souvent marquée par la honte, le retrait ou un sentiment de dette. En effet, symboliser, c'est donner forme à ce qui ne l'avait pas encore. C'est transformer une charge émotionnelle confuse en un récit que l'on peut partager, penser et transmettre. Ce processus permet d'atténuer les effets destructeurs des transmissions inconscientes. Il ouvre un espace intérieur où le sujet peut redevenir acteur de son histoire, en la reconstruisant avec ses propres mots, ses propres images et ses propres liens. Pour soutenir cette transformation, plusieurs dispositifs thérapeutiques peuvent être mobilisés. Ils visent à accompagner le sujet dans ce travail de mise en sens, en l'aidant à exprimer ce qui était jusque-là indicible, et à inscrire son vécu dans une continuité psychique plus apaisée. Il s'agit entre autres de :

Pratiques d'écriture accompagnée

Dans le cadre de l'accompagnement thérapeutique, les pratiques d'écriture accompagnée constituent un outil précieux pour soutenir le travail d'élaboration psychique. Elles permettent au sujet de mettre en mots ce qui, souvent, reste confus, douloureux ou indicible : des ressentis complexes, des souvenirs fragmentés, des conflits internes ou des zones de silence. L'écriture devient alors un espace de dépôt, de transformation et de mise en forme de l'expérience subjective. Écrire, c'est déjà prendre une certaine distance. En passant par les mots, le sujet peut commencer à nommer ce qu'il ressent, à organiser ses pensées, à relier des éléments épars de son histoire. Cette mise à distance favorise la symbolisation : elle transforme une charge affective brute en une représentation partageable, pensable, transmissible. L'écriture permet ainsi de sortir de la répétition ou de l'agir, pour entrer dans un processus de narration et de subjectivation.

Les formes que peut prendre cette écriture sont multiples et s'adaptent aux besoins et aux possibilités de chacun. Il peut s'agir premièrement des lettres adressées à des figures absentes (parents biologiques, membres de la famille, figures symboliques), qui permettent d'exprimer des émotions retenues, de poser des questions restées sans réponse, ou de marquer une séparation symbolique. Deuxièmement, des journaux intimes, dans lesquels le sujet peut consigner ses pensées, ses émotions, ses doutes, sans contrainte de forme ni de jugement. Ce type d'écriture favorise l'auto-réflexivité et le repérage des mouvements internes. Troisièmement, des récits de vie co-écrits avec un thérapeute, qui permettent de reconstruire une continuité biographique, d'articuler les différentes étapes du parcours, et de donner sens aux ruptures, aux pertes ou aux transformations.

L'accompagnement du thérapeute est ici fondamental. Il ne s'agit pas seulement d'écrire, mais d'être lu, entendu, soutenu dans ce processus. Le professionnel peut proposer des amorces, relancer la pensée, aider à mettre en forme, ou simplement accueillir ce qui émerge. Ce cadre contenant sécurise l'acte d'écriture et en renforce la portée symbolique. Dans le contexte de l'adoption, ces pratiques peuvent aider l'enfant ou l'adulte adopté à se réapproprier son histoire, à explorer ses représentations de soi et de ses origines, et à construire un récit qui lui appartienne. Elles peuvent également soutenir les parents adoptifs dans l'élaboration de leur propre parcours, en lien avec leur désir d'enfant, leurs attentes, ou leurs expériences de parentalité.

Jeux de rôle thérapeutiques

Les jeux de rôle thérapeutiques constituent un outil précieux dans l'accompagnement des enfants et des familles, notamment dans les contextes marqués par des conflits internes, des loyautés invisibles ou des histoires familiales complexes. Ils offrent un espace de mise en scène où le sujet peut exprimer, de manière indirecte, ce qui ne peut pas toujours être dit. Par le biais du jeu, du corps et de l'imaginaire, il devient possible d'explorer des vécus, de rejouer des scènes significatives, et de transformer des positions subjectives figées. En incarnant différents personnages réels ou fictifs, présents ou absents, le sujet peut expérimenter d'autres points de vue, se décaler de sa position habituelle, et découvrir de nouvelles manières d'être en lien. Cette mise en acte permet de revisiter des situations passées, parfois traumatiques ou confuses, dans un cadre sécurisé et symbolisé. Elle autorise également l'émergence de scénarios alternatifs, où le sujet peut exercer un pouvoir de choix, de réparation ou de séparation symbolique.

Le jeu de rôle favorise plusieurs processus thérapeutiques dont la prise de conscience. En jouant une scène, le sujet met en lumière des émotions, des attentes ou des conflits jusque-là implicites. Ce passage par l'action facilite l'accès à la pensée. Aussi, le jeu de rôle favorise la différenciation. Dans la pratique, le sujet peut mieux distinguer ce qui lui appartient de ce qui relève de l'autre. Il peut se dégager d'identifications rigides ou de loyautés inconscientes. Le jeu de rôle rend également possible la réappropriation de l'histoire du sujet. En rejouant ce qui a été subi, le sujet peut transformer une expérience passive en une expérience active, et ainsi redevenir auteur de son récit. Dans le cadre de l'adoption, les jeux de rôle permettent à l'enfant d'explorer ses représentations de la famille d'origine, de la famille adoptive, ou de lui-même dans ces différents contextes. Ils peuvent aussi aider les parents à mieux comprendre les vécus de l'enfant, en participant à des mises en scène partagées ou en observant les dynamiques qui s'y rejouent. Le rôle du thérapeute est ici fondamental. Il garantit la sécurité du cadre, soutient la symbolisation, et accompagne l'après-coup du jeu par une mise en mots adaptée. Il ne s'agit pas de jouer pour jouer, mais de jouer pour penser, pour transformer, pour relier.

Rituels de reconnaissance symbolique

Dans le cadre de l'accompagnement thérapeutique des enfants et des familles, les rituels de reconnaissance symbolique occupent une place importante. Ils permettent de donner une forme concrète à ce qui, souvent, reste silencieux, diffus ou indicible : des pertes non reconnues, des absents sans nom, des transmissions invisibles. Ces rituels offrent un espace symbolique pour représenter ce qui a été tu, oublié ou transmis sans mots, et pour inscrire ces éléments dans une histoire pensable et partageable. Ces pratiques, bien que simples dans leur forme, ont une portée psychique profonde. Elles permettent d'honorer les absents, qu'il s'agisse de parents biologiques, d'ancêtres méconnus, ou de figures importantes restées dans l'ombre. Elles offrent aussi un cadre pour reconnaître les blessures, les ruptures, les deuils non faits, ou les manques qui traversent l'histoire familiale. Enfin, elles peuvent marquer un passage, une transformation intérieure, une séparation symbolique ou une réinscription dans une nouvelle filiation.

Parmi les rituels les plus utilisés, l'on peut évoquer les lettres aux absents qui permettent d'adresser une parole à une figure absente ou idéalisée. Ces lettres peuvent exprimer des émotions retenues, poser des questions, ou signifier un adieu symbolique. Elles ouvrent un espace de dialogue intérieur et favorisent le travail de deuil. Aussi, les arbres de vie, construits avec l'aide d'un thérapeute, permettent de représenter graphiquement les différentes figures de l'histoire familiale, qu'elles soient biologiques, adoptives ou symboliques. L'enfant peut y inscrire ses appartenances, ses liens, ses ruptures, et ainsi visualiser une filiation élargie, intégrée et assumée. Ces rituels soutiennent un travail de symbolisation permettant de transformer une expérience vécue dans le silence ou la confusion en un acte signifiant, reconnu et partagé. Ils accompagnent le processus de deuil, de séparation, mais aussi de réinscription dans une filiation choisie, où l'enfant peut se sentir légitime, accueilli et reconnu dans toute la complexité de son histoire. À travers ces médiations, le sujet peut progressivement se dégager des assignations héritées, c'est-à-dire des rôles ou des loyautés inconscientes qui l'enfermaient dans une histoire subie. Il devient alors acteur de sa propre histoire, capable d'intégrer les lignées passées sans s'y soumettre, de reconnaître les transmissions sans les répéter, et de construire un avenir plus libre, plus ouvert, plus singulier.

PARENTALITÉ ADOPTIVE APAISEE : DE LA SURVIE A LA TRANSMISSION

La parentalité adoptive engage les adultes dans un processus singulier, souvent traversé par des émotions intenses, des attentes profondes et des enjeux identitaires complexes. Contrairement à une parentalité dite « biologique », elle s'inscrit d'emblée dans une histoire marquée par la rupture, la perte et la reconstruction. Dans ce contexte, les premiers temps de la vie familiale peuvent être vécus comme une période de survie psychique et relationnelle, où l'essentiel est de créer du lien, de sécuriser l'enfant, et de contenir les angoisses de part et d'autre. Mais cette phase initiale, aussi nécessaire soit-elle, ne saurait suffire à elle seule à fonder une parentalité durable. Pour que le lien adoptif puisse s'inscrire dans le temps et devenir un espace de croissance pour l'enfant comme pour ses parents, un travail d'élaboration est nécessaire. Ce travail permet de passer d'une parentalité centrée sur la réparation à une parentalité capable de transmettre non seulement des repères éducatifs, mais aussi une histoire, une inscription symbolique, une place dans une filiation.

La phase de survie : sécuriser le lien et contenir les angoisses

Les premiers temps de la parentalité adoptive sont souvent marqués par une grande intensité émotionnelle. L'arrivée de l'enfant dans sa nouvelle famille constitue un bouleversement profond, tant pour lui que pour ses parents. L'enfant, confronté à un environnement inconnu, peut réagir par des comportements de repli, de méfiance, ou au contraire par une hyperadaptation qui masque ses angoisses. Ces réactions ne traduisent pas un rejet de la famille adoptive, mais une tentative de protection face à l'incertitude, à la peur de l'abandon ou à la difficulté de faire confiance. Les parents, quant à eux, peuvent se sentir déstabilisés. Ils oscillent entre le désir sincère de bien faire et le sentiment d'impuissance face à des attitudes qu'ils ne comprennent pas toujours. Ils peuvent être confrontés à des projections, à des attentes idéalisées, ou à des blessures anciennes réactivées par la rencontre avec l'enfant. Cette période, souvent qualifiée de phase de survie, mobilise intensément les ressources affectives et psychiques de chacun. Elle peut générer de la fatigue, du doute, voire un sentiment d'échec si les difficultés persistent ou s'intensifient.

L'enjeu principal de la phase de suivi est de construire un lien d'attachement suffisamment sécurisant. Cela suppose de contenir les angoisses, de maintenir une présence stable et prévisible, et de tolérer les mouvements ambivalents de l'enfant, sans les interpréter comme un rejet personnel. Il s'agit de créer un environnement dans lequel l'enfant peut progressivement se sentir en sécurité, autorisé à être lui-même, et reconnu dans son histoire singulière. Pour soutenir les familles dans cette phase délicate, plusieurs pistes thérapeutiques peuvent être proposées comme un accompagnement parental régulier, individuel ou en groupe, pour permettre aux parents d'exprimer leurs émotions, de comprendre les réactions de l'enfant, et de renforcer leur sentiment de compétence. En plus de l'accompagnement régulier, des espaces de parole partagés, où parents et enfants peuvent être accompagnés dans la mise en mots des tensions, des attentes et des malentendus semblent essentiels.

L'élaboration du lien : reconnaître les histoires en présence

Lorsque le lien entre l'enfant et ses parents adoptifs commence à se stabiliser, une nouvelle étape devient possible : celle de l'élaboration. Cette phase ne marque pas la fin des difficultés, mais elle ouvre un espace où chacun peut commencer à réfléchir à son histoire, à ses représentations, et aux émotions qui traversent la relation. Les parents peuvent alors se pencher sur leur propre parcours. Ils sont invités à revisiter leur histoire personnelle, leurs attentes vis-à-vis de la parentalité, et les images qu'ils se sont construites de l'enfant. Ce travail permet de mieux comprendre les résonances affectives que l'adoption peut susciter : deuils non faits, blessures anciennes, ou idéaux parfois inconscients. En prenant conscience de ces éléments, les parents peuvent ajuster leur posture et accueillir l'enfant tel qu'il est, avec son histoire propre. De son côté, l'enfant commence à exprimer ce qui l'habite. Il peut poser des questions sur ses origines, évoquer des souvenirs, ou partager des peurs et des fantasmes liés à sa famille d'origine. Ces paroles, parfois fragmentaires ou chargées d'émotion, témoignent d'un besoin de comprendre, de relier les morceaux de son histoire, et de se situer dans une continuité.

L'élaboration du lien adoptif nécessite de reconnaître la complexité des histoires en présence. D'une part, l'histoire de l'enfant est souvent marquée par des ruptures, des pertes, ou des zones d'ombre. D'autre part, celle des parents peut être traversée par des renoncements, des attentes déçues ou des blessures anciennes. Ces histoires ne s'opposent pas, mais elles doivent pouvoir coexister, se rencontrer, et s'articuler dans un espace commun. Pour soutenir cette mise en sens partagée, plusieurs dispositifs thérapeutiques peuvent être mobilisés comme les entretiens familiaux, les groupes de parole et les médiations symboliques. Les premiers offrent un cadre pour que chacun puisse exprimer ses ressentis, ses besoins et ses représentations, avec l'aide d'un tiers bienveillant. Les seconds quant à eux permettent aux parents ou aux enfants de rencontrer d'autres personnes vivant des expériences similaires, et de se sentir moins seuls dans leurs questionnements. Les médiations symboliques enfin facilitent l'expression de ce qui ne peut pas toujours être dit directement. À travers la reconnaissance des histoires constitutives de la configuration familiale adoptive, il est possible que chacun soit capable de se dire, d'être entendu, et de trouver une place dans une histoire commune en construction. Dans la pratique, il ne s'agit pas d'imposer un récit unique, mais de co-construire un espace narratif où les différentes voix peuvent se répondre, se reconnaître, et s'enrichir mutuellement.

La transmission symbolique : inscrire l'enfant dans une filiation vivante

Lorsque les liens affectifs entre l'enfant et ses parents adoptifs se sont suffisamment consolidés, et que les récits de chacun ont pu être partagés dans un cadre sécurisant, la parentalité adoptive peut s'ouvrir à une nouvelle dimension : celle de la transmission. Il ne s'agit plus seulement de répondre aux besoins immédiats de l'enfant ou de contenir ses angoisses, mais de lui offrir un cadre symbolique dans lequel il peut inscrire son histoire, ses origines et son devenir. La transmission dans le contexte adoptif ne se limite pas à la transmission de règles, de valeurs ou de repères éducatifs. Elle engage une filiation symbolique, c'est-à-dire une inscription dans une lignée, dans une histoire humaine qui reconnaît les origines de l'enfant sans les effacer, et qui lui permet de se projeter dans l'avenir sans renier son passé. Cette filiation symbolique repose sur la capacité des parents à accueillir l'enfant tel qu'il est, avec son histoire singulière, ses blessures, ses questions et ses appartenances multiples.

Pour que la transmission symbolique soit possible, il est souvent nécessaire que les parents aient pu renoncer à l'idéal d'un enfant réparateur. Ce renoncement implique un travail d'élaboration sur leurs propres attentes, leurs deuils éventuels, et leurs représentations de la parentalité. Il s'agit de passer d'un désir de réparation à une posture d'accueil, où l'enfant n'est plus investi comme celui qui viendrait combler un manque, mais reconnu comme un sujet à part entière, porteur d'une histoire qui lui est propre. Dans cette perspective, la parentalité adoptive devient un espace de transformation. Elle permet à l'enfant de s'approprier son parcours, de relier ses différentes appartenances, de penser ses ruptures, et de construire une continuité intérieure.

Le processus d'intégration identitaire chez l'enfant adopté nécessite des médiations adaptées, capables de soutenir la mise en sens de son histoire. Ces médiations permettent de relier les différentes dimensions de son parcours, souvent marqué par des ruptures, des silences ou des zones d'ombre. Elles offrent un cadre sécurisant pour penser les appartenances multiples, les liens familiaux complexes et les transformations vécues. Parmi ces outils, la narration partagée occupe une place centrale. Elle consiste à co-construire, avec l'enfant et ses parents, un récit de vie qui intègre les différentes étapes de son histoire. Ce récit permet de donner une place symbolique aux figures d'origine, même absentes ou inconnues, et de relier les événements marquants de manière cohérente. En mettant en mots ce qui a été vécu, la narration partagée soutient la continuité psychique de l'enfant et l'aide à se représenter comme un sujet inscrit dans une histoire singulière.

Les génogrammes symboliques sont également un outil précieux. Ils permettent de représenter visuellement les liens familiaux, les ruptures, les transmissions et les silences. À travers cette cartographie symbolique, l'enfant peut se situer dans une filiation élargie, en intégrant les figures adoptives, les figures d'origine, et les absents. Ce travail favorise une meilleure compréhension des dynamiques familiales et soutient l'élaboration d'un sentiment d'appartenance plus stable. Enfin, les ateliers d'expression identitaire mobilisent des supports créatifs comme le dessin, le collage, l'écriture ou le théâtre. Ces médiations permettent à l'enfant d'explorer les différentes facettes de lui-même, de représenter ses appartenances, et de mettre en forme ses ressentis. En s'appuyant sur l'imaginaire et la création, ces ateliers facilitent l'expression de ce qui ne peut pas toujours être dit directement. Ils offrent un espace de transformation, où l'enfant peut expérimenter, symboliser et intégrer les différentes dimensions de son histoire. Ces outils thérapeutiques, lorsqu'ils sont proposés dans un cadre bienveillant et ajusté, soutiennent activement le travail d'appropriation identitaire. Aussi permettent-ils à l'enfant de se reconnaître dans une histoire complexe mais pensable, et de se construire comme un sujet singulier, capable de relier ses origines, son présent et son avenir.

Guérir la lignée, c'est reconnaître que l'adoption ne se limite pas à une nouvelle inscription dans une filiation légale ou sociale. Elle ne consiste pas simplement à « refaire famille », mais engage un travail de tissage patient et complexe entre des histoires, des mémoires et des affects souvent disjoints, voire incompatibles. Ce tissage ne vise ni à recoudre à l'identique, ni à effacer les traces de la rupture, mais à créer un espace tiers où les fragments d'histoires peuvent être mis en relation, mis en récit, et peu à peu symbolisés. Dans cette perspective, guérir ne signifie pas annuler la blessure, mais lui donner une forme, une place, une adresse. C'est accepter que les blessures du passé ne s'effacent pas, mais peuvent être transformées, élaborées, transmises autrement. Elles peuvent devenir des points d'appui pour une subjectivation renouvelée, à condition d'être reconnues, nommées, contenues dans un cadre suffisamment sécurisant. Ce travail de transformation ne peut se faire que dans la durée, au rythme singulier de chaque sujet, et dans une relation suffisamment fiable pour accueillir l'ambivalence, la douleur, mais aussi les ressources insoupçonnées que recèle toute histoire humaine. Les perspectives cliniques et thérapeutiques présentées dans ce chapitre ne prétendent pas offrir de solutions toutes faites. Elles ne visent pas à normaliser les parcours, ni à prescrire des protocoles standardisés. Elles proposent plutôt des balises, des repères, des orientations pour accompagner le travail de subjectivation, en tenant compte de la complexité des enjeux psychiques à l'œuvre dans l'adoption. Ces perspectives s'appuient sur une posture d'écoute active, de co-construction, et de respect des temporalités psychiques propres à chaque parcours adoptif. Elles invitent à suspendre le jugement, à tolérer l'incertitude, et à accueillir les mouvements de régression, de répétition ou de retrait comme autant de tentatives de mise en sens.

En soutenant la parole, en accueillant les silences comme des formes de langage, en travaillant les loyautés invisibles et les identifications complexes, il devient possible d'ouvrir un espace de symbolisation. Cet espace permet à l'histoire adoptive de s'inscrire non pas dans l'oubli ou l'idéalisation, mais dans une narration vivante, capable d'intégrer les manques, les pertes, les conflits et les ressources. Il ne s'agit pas de « refermer » l'histoire, mais de la rendre habitable, transmissible, et féconde. Ainsi, guérir la lignée, c'est œuvrer à la réconciliation des histoires, celles qui précèdent l'adoption, celles qui la traversent, celles qui s'inventent au fil du lien. C'est pacifier les mémoires, non en les niant, mais en leur donnant une place dans le récit familial et subjectif. C'est permettre l'émergence d'un sujet capable de se dire, de se penser, et de se projeter, non pas malgré son histoire, mais avec elle, à partir d'elle, dans une dynamique de transformation et de création. C'est, en somme, faire de l'adoption non pas une réparation du passé, mais une ouverture vers un avenir possible, où chacun peut trouver sa place dans une lignée réinventée.

CONCLUSION GÉNÉRALE

Le projet adoptif s'inscrit dans une dynamique de transmission, où les parents aspirent à transmettre à l'enfant adopté des valeurs, une histoire familiale, une inscription symbolique dans une lignée. Le désir de transmission, fondé sur une intention réparatrice ou fondatrice, témoigne d'un engagement psychique fort, où la parentalité se construit comme acte de reconnaissance et d'intégration. Toutefois, dans le contexte spécifique de l'adoption, ce désir se confronte à une réalité psychique complexe, marquée par les traces laissées par les expériences pré-adoptives de l'enfant. Séparations précoces, abandons, ruptures de liens primaires et carences affectives constituent autant de failles dans la continuité symbolique de la filiation, qui viennent interroger la capacité du lien adoptif à contenir et transformer ces blessures. En marge d'une vision idéalisée de l'adoption comme nouveau départ, la réalité clinique montre que l'enfant adopté n'arrive pas « vierge » dans sa nouvelle famille. Il est en effet porteur d'une histoire antérieure, souvent fragmentée, silencieuse ou traumatique, qui s'inscrit dans sa psyché et son corps comme une mémoire affective implicite. Cette histoire, issue d'un « Ailleurs » entre en résonance avec le cadre de vie actuel, « l'Ici », c'est-à-dire la famille adoptive. Ce phénomène d'écho entre les deux histoires constitue un terrain privilégié pour observer les mécanismes de la transmission psychique, notamment les effets de répétition, les loyautés inconscientes et les projections croisées.

Face aux maux tus ou mal-dits, la psychogénéalogie offre un cadre théorique et clinique particulièrement pertinent pour penser l'adoption. Elle permet particulièrement d'envisager le sujet non seulement comme porteur d'une histoire individuelle, mais aussi comme inscrit dans une trame transgénérationnelle, faite de loyautés invisibles, de secrets de famille, de dettes symboliques et de scénarios inconscients. Le sujet adopté, bien qu'issu d'une rupture de filiation biologique, n'échappe pas aux transmissions psychiques qui traversent les lignées, qu'elles soient biologiques ou adoptives. Il peut ainsi hériter de conflits non résolus, de deuils non faits ou de traumatismes non symbolisés, qui influencent sa trajectoire subjective et son rapport à l'identité. Dans la pratique, le travail clinique en psychogénéalogie vise à mettre en lumière ces transmissions silencieuses, à les nommer et à les inscrire dans un récit symbolisé. Ce qui revient à permettre au sujet adopté, mais aussi à ses parents adoptifs, de reconnaître les héritages invisibles qui les traversent, de déconstruire les scénarios répétitifs et de se réapproprier leur histoire respective. Le processus d'élaboration dont il s'agit ici favorise la construction d'un lien adoptif plus conscient, plus souple et plus porteur de sens, où chacun peut se dégager des impensés familiaux pour devenir auteur de son propre récit.

Penser l'adoption dans une perspective psychogénéalogique revient à reconnaître que la parentalité adoptive ne se limite pas à une fonction éducative ou affective, mais qu'elle engage une reconfiguration profonde des lignées, des transmissions et des identités. Elle invite à une clinique des héritages invisibles, où le travail de la parole, de la mémoire et du symbolique devient le levier principal de transformation et de subjectivation. L'adoption, en tant que modalité singulière de la parentalité, convoque une rencontre entre deux histoires psychiques distinctes. Celle de l'enfant adopté, souvent marquée par des blessures précoces, et celle des parents adoptifs, traversée par des renoncements, des deuils non élaborés ou des conflits familiaux latents. Cette rencontre ne se limite pas à une juxtaposition biographique ; elle constitue un espace de résonance où les mémoires affectives, les impensés transgénérationnels et les loyautés inconscientes peuvent s'entrelacer, générant des effets de répétition, de projection ou de clivage. La psychogénéalogie offre donc un cadre théorique et clinique particulièrement fécond pour penser les enjeux de la transmission psychique dans le lien adoptif.

L'enfant adopté, bien qu'inscrit dans une nouvelle filiation légale et affective, demeure porteur d'un héritage psychique double. D'une part, il est lié à une lignée biologique dont les contours sont souvent flous, absents ou entourés de silence. Ce vide de représentance donne lieu à des fantasmes d'origine, des sentiments d'incomplétude ou des quêtes identitaires. D'autre part, il reçoit, parfois à son insu, les transmissions inconscientes de sa famille adoptive en forme d'attentes implicites, de scénarios de réparation, de projections liées aux blessures parentales. Ces deux héritages, lorsqu'ils ne sont pas symbolisés, peuvent entrer en conflit et entraver la construction d'un lien adoptif apaisé, fondé sur la reconnaissance mutuelle et la différenciation subjective. Dans ces conditions, la psychogénéalogie permet d'aborder la filiation adoptive en considérant le sujet comme inscrit dans une trame familiale élargie, traversée par des transmissions invisibles en termes de secrets de famille, de dettes symboliques et de loyautés transgénérationnelles. Aussi invite-t-elle à penser que les symptômes, les impasses relationnelles ou les crises identitaires ne relèvent pas uniquement de l'histoire individuelle, mais s'inscrivent dans une dynamique familiale et transgénérationnelle. Dans le champ de l'adoption, l'approche psychogénéalogique permet de mettre en lumière les résonances entre les histoires de l'enfant et des parents, et d'identifier les points de friction, les zones de silence ou les répétitions inconscientes.

Le travail clinique adoptive vise à déplier les strates de l'histoire familiale, à mettre en récit les pertes, à nommer les ruptures et à symboliser les transmissions. Ce qui implique la création d'un espace thérapeutique où l'enfant adopté et ses parents peuvent se réapproprier leur histoire respective, reconnaître les héritages psychiques qui les traversent, et co-construire un récit familial cohérent, porteur de sens et de reconnaissance. Un processus d'élaboration psychique qui permet non seulement de restaurer la continuité symbolique de la filiation, mais aussi de soutenir le processus de subjectivation de l'enfant, en l'inscrivant dans une histoire partagée et assumée. La psychogénéalogie appliquée à l'adoption ne vise donc pas à reconstruire une généalogie biologique perdue, mais à restaurer une généalogie symbolique, fondée sur la parole, la reconnaissance et la transmission consciente. Elle offre aux cliniciens un outil précieux pour accompagner les familles adoptives dans leur cheminement, en tenant compte des dimensions affectives, historiques et transgénérationnelles qui structurent le lien adoptif.

La clinique psychogénéalogique appliquée à l'adoption dépasse le cadre d'une simple investigation des lignées familiales et des héritages inconscients. Elle s'inscrit dans une dynamique thérapeutique qui vise une transformation active du présent, en mobilisant les ressources subjectives des membres de la famille adoptive. En ce sens, elle ne se contente pas d'exhumer les traces du passé. Elle cherche à les réinscrire dans une narration nouvelle, porteuse de sens et d'émancipation. L'un des enjeux majeurs de cette démarche réside dans la possibilité qu'elle offre de rompre avec les répétitions inconscientes, souvent à l'œuvre dans les trajectoires adoptives. Ces répétitions, qu'elles soient liées aux histoires de filiation interrompue, aux deuils non élaborés ou aux loyautés invisibles, peuvent entraver la construction d'un lien parental authentique et libre. En travaillant sur ces éléments, la clinique psychogénéalogique ouvre un espace de subjectivation, c'est-à-dire un lieu psychique où les individus peuvent se réapproprier leur histoire, la nommer, la transformer.

Finalement, la parentalité adoptive ne saurait être pensée comme une entreprise de réparation, qu'il s'agisse de réparer une infertilité, une blessure narcissique ou une histoire familiale lacunaire. Une telle conception risquerait de figer les rôles et d'enfermer l'enfant adopté dans une fonction de suppléance. À l'inverse, la clinique psychogénéalogique propose de concevoir l'adoption comme une co-construction symbolique, où les places ne sont pas données d'avance, mais se négocient, se créent et se réinventent dans le dialogue intersubjectif. Cette co-construction du lien adoptif implique que chaque membre de la famille (parents adoptifs, enfant adopté, fratrie éventuelle) puisse devenir auteur de son histoire, en assumant la part de fiction, de choix et de désir qui fonde toute filiation. Elle suppose également une reconnaissance des origines, non comme un obstacle, mais comme une composante intégrative du récit familial. Ainsi, la clinique psychogénéalogique de l'adoption s'inscrit dans une éthique du lien, fondée sur la reconnaissance mutuelle, la circulation de la parole et la capacité à faire récit ensemble.

RÉFÉRENCES BIBLIOGRAPHIQUES

Ansermet, F. et Giacobino, J.-P. (2012). *A qui appartiennent les enfants ?* Éditions Odile Jacob.

Awono Levodo, T. F. et Mgbwa, V. (2022). Désétayage narcissique et vulnérabilité identitaire chez l'adolescent en situation d'adoption [Numéro spécial]. *Della/Afrique*, 2, 267-277.

Awono Levodo, T. F. et Mgbwa, V. (2023). *Du désétayage social aux implications psychologiques de l'adoption.* Éditions Universitaires Européennes.

Awono Levodo, T. F. et Ndje Ndje, M. (2024). Transmission psychique et vécu des pratiques de la parentalité adoptive chez l'adolescent. *Revue Hybrides*, 2 (4), 129-139.

Awono Levodo, T. F. et Nkounkwen, A. D. (2024). L'adoption en Afrique subsaharienne : la question des origines dans le cas Kambara. Dans, K.G, Agbefle (dir.), *Les sociétés africaines : cultes, cultures et philosophies. Comprendre* (209-2019). Éditions Francophones Universitaires d'Afrique. https://doi.org/10.5281/zenodo.10532012

Barthélémy, M. (2012). *L'enfant adopté et ses familles : entre filiation et affiliation.* Érès.

Benghozi, P. (2007). L'adoption est un lien affectif : pacte de re-co-naissance et pacte de désaveu. *Dialogue*, 3 (177), 27-43.

Brusset, B. (2007). *Psychanalyse du lien.* Presses Universitaires de France.

Ciccone, A. (2014). Transmission psychique et fantasme de transmission. La parentalité à l'épreuve. *Cahiers de psychologie clinique*, 2 (43), 59-79.

Dayan, J. (2016). Le roman familial de l'adolescent adopté. *Adolescence*, 34(4), 695-704.

De Vincenzo, M. (2017). Souffrances dans les liens et processus sans sujet. *Corps & Psychisme, 1* (71), 97-108. https://doi.org/10.3917/cpsy2.071.0097

Delaisi de Parseval, G. (2007). *L'énigme des origines : questions d'enfants, réponses d'adultes.* Albin Michel.

Delassus, J.-M. (2004). *Naître par adoption.* Érès.

Delfieu, F. (1988). *Parole d'adopté : Héros d'une histoire fausse qu'il connaît et d'une histoire vraie qu'il ignore.* Robert Laffont.

Drory, D. (2012). L'adoption, une double naissance. *Cahiers critiques de thérapie familiale et de pratiques de réseaux, 2* (49), 27-42. https://doi.org/10.3917/ctf.049.0027

Drory, D. et Frère, C. (2011). *Le complexe de Moise. Paroles d'adoptés devenus adultes.* De Boeck Université.

Fréchon, F. (2012). *Adoption et filiation : d'un roman à l'autre. Enfances & Psy,* 57, 157-163.

Freud, S. (1909). *Le roman familial des névrosés.*

Freud, S. (1909). *Le roman familial des névrosés.* PUF.

Houzel, D. (2000). *Fonctions parentales et développement de l'enfant.* PUF.

Kokou-Kpolou, K., Mbassa Menick, D., Moukouta, C. S. et Dassa, S. K. (2018). Filiation, transmission et rupture. Vers une clinique transculturelle et psychologique des liens de filiation au Togo. *Neuropsychiatrie de l'enfance et de l'adolescence, 2* (66), 65-72.

Le Run, J.-L. (2017). La transmission troublée, l'exemple de l'adoption. *Enfances & Psy, 3* (75), 35-50. https://doi.org/10.3917/ep.075.0035

Lebovici, S. (1999). *Le deuil dans la parentalité adoptive.* Odile Jacob.

Minneboo, E. (2016). *Adoption et troubles psychiatriques émergents à l'adolescence.* [Thèse de doctorat, Université Bordeaux 2 Victor Segalen]. https://dumas.ccsd.cnrs.fr/dumas-01302607v1

Missonnier, S. (2009). Identifications, projections et identifications projectives dans les liens précoces. La partition prénatale. *Le Divan familial, 1* (22), 15-31. https://doi.org/10.3917/difa.022.0642

Moro, M.-R. (2002). *Enfants d'ici, venus d'ailleurs*. Odile Jacob.

Paillé, P. et Mucchielli, A. (2013). *L'analyse qualitative en sciences humaines et sociales*. Armand colin.

Pédiniéli, J.-L. et Fernandez, L. (2020). *L'observation clinique et l'étude de cas* (4e éd). Armand colin.

Ricoeur, P. (1990). *Soi-même comme un autre*. Éditions du Seuil.

Roussillon, R. (1999). *Agonie, clivage et symbolisation*. PUF.

Rude-Antoine, E. (2006). Filiation adoptive et transmission familiale. Les enfants adoptés à l'étranger. *Pensée plurielle, 1* (11), 91-97.

Sandler, A.-M. (1997). La vérité en psychanalyse. Dans J.-M. Quinodoz (dir.), *La vérité en psychanalyse* (p. 33-42). Payot.

Schützenberger, A. A. (1993). *Aïe, mes aïeux !* Desclée de Brouwer.

Ternisien, C. (2015). *Adoption et construction de soi : entre mémoire et filiation*. Dunod.

Tsala Tsala, J.-P. (2007). Secret de famille et clinique de la famille africaine. *Le divan familial, 2* (19), 31-46. https://doi.org/10.3917/difa.019.0031

Verrier, N.-N. (2019). *L'enfant adopté : comprendre la blessure primitive*. De Boeck.

Vinay, A. (2006). La construction du lien social chez l'enfant adopté. *Enfances & Psy, 32*, 134-144.

Vinay, A. (2011). *Psychologie de l'attachement et de la filiation dans l'adoption*. Dunod.

www.ingramcontent.com/pod-product-compliance
Lightning Source LLC
Chambersburg PA
CBHW062042270326
41929CB00014B/2505